旅游篇

拉萨文物古迹之旅

文物里寻拉萨时光
古迹中看雪域史话

《幸福拉萨文库》编委会 编著

西藏人民出版社

图书在版编目（CIP）数据

拉萨文物古迹之旅 /《幸福拉萨文库》编委会编著.
-- 拉萨：西藏人民出版社，2021.12
（幸福拉萨文库．旅游篇）
ISBN 978-7-223-07041-6

Ⅰ．①拉… Ⅱ．①幸… Ⅲ．①名胜古迹—介绍—拉萨
Ⅳ．① K928.707.51

中国版本图书馆 CIP 数据核字（2021）第 266751 号

拉萨文物古迹之旅

编　　著	《幸福拉萨文库》编委会
责任编辑	计美旺扎
策　　划	计美旺扎
封面设计	颜　森
出版发行	西藏人民出版社（拉萨市林廓北路 20 号）
印　　刷	三河市嘉科万达彩色印刷有限公司
开　　本	710×1040　　1/16
印　　张	15.25
字　　数	246 千
版　　次	2022 年 5 月第 1 版
印　　次	2022 年 5 月第 1 次印刷
印　　数	01-10,000
书　　号	ISBN 978-7-223-07041-6
定　　价	69.00 元

版权所有　翻印必究
（如有印装质量问题，请与出版社发行部联系调换）

发行部联系电话（传真）：0891-6826115

《幸福拉萨文库》编委会

主　　　任	齐 扎 拉	西藏自治区党委副书记、自治区政府主席
	白玛旺堆	西藏自治区党委常委、拉萨市委书记
常务副主任	张 延 清	西藏自治区政府副主席、日喀则市委书记
	果　　果	拉萨市委副书记、市长、城关区委书记
	车 明 怀	西藏社科院原党委书记、副院长
副 主 任	马 新 明	拉萨市委原副书记
	达　　娃	拉萨市委原副书记、市人大常委会主任
	肖 志 刚	拉萨市委副书记
	庄 红 翔	拉萨市委副书记、组织部部长
	袁 训 旺	拉萨市政协主席、经开区党工委书记
	占　　堆	拉萨市委常委、常务副市长
	吴 亚 松	拉萨市委常委、宣传部部长
主　　　编	《幸福拉萨文库》编委会	
执 行 主 编	占　　堆	拉萨市委常委、常务副市长
	吴 亚 松	拉萨市委常委、宣传部部长
副 主 编	范 跃 平	拉萨市委宣传部常务副部长
	龚 大 成	拉萨市委宣传部副部长
	李 文 华	拉萨市委宣传部副部长
	许 佃 兵	拉萨市委宣传部副部长
	拉　　珍	拉萨市委宣传部副部长
	赵 有 鹏	拉萨市委宣传部副部长

委　　员	张春阳	拉萨市委常务副秘书长
	张志文	拉萨市人大常委会副秘书长
	杨年华	拉萨市政府副秘书长
	张　勤	拉萨市政协副主席
	何宗英	西藏社科院原副院长
	格桑益西	西藏社科院原研究员
	蓝国华	西藏社科院科研处处长
	陈　朴	西藏社科院副研究员
	王文令	西藏社科院助理研究员
	阴海燕	西藏社科院助理研究员
	杨　丽	拉萨市委宣传部理论科科长
	其美江才	拉萨市委宣传部宣教科科长
	刘艳苹	拉萨市委宣传部理论科主任科员

前言
QIANYAN

世界屋脊上的历史文化驿站

岁月对拉萨的厚爱，就是给予了它历史。在历史长河的滋养下，拉萨的文化之花四处绽放。

在雪域高原之上，曾有许多部落相依相存，相互博弈，其中有一支力量逐渐突出，并最终统一了高原部落，成为此后中原大唐的邻居——吐蕃。文成公主、金城公主的到来，为吐蕃带来了更加强盛的文明和先进的科技，汉藏民族血脉相连早就已经埋下了种子。元代之时，西藏地区纳入中央王朝管辖，"吐蕃"一词成为民族称谓、地域概念。清代沿袭元、明旧制，明确定名为"西藏"。民国时期，孙中山先生在就职宣言书中向世界宣告："国家之本，在于人民，合汉、满、蒙、回、藏等诸地为一国，则合汉、满、蒙、回、藏诸族为一人，是曰民族之统一。"当时的五色旗就代表着五族为一体。中华民国依旧对西藏地区拥有治理权和管辖权，先设蒙藏事务局，主管西藏事务，后设蒙藏委员会（驻藏办事处就在拉萨），主管藏族、蒙古族等少数民族地区事务。中华人民共和国成立后，解放昌都，中央人民政府和西藏地方政府签订《中央人民政府和西藏地方政府关于和平解放西藏办法的协议》（简称"十七条协议"）。在西藏人民的拥护下，人民解放军进驻拉萨。此后，西藏人民摆脱了帝国主义的

压迫，华夏民族携手共进。民主改革以后，西藏农奴翻身，西藏真正走向了光明的未来。

在历史长河之中，藏族人民用自己的智慧和勇敢，创造了很多奇迹，组成了缤纷多彩的藏族文化。

布达拉宫的雄伟华丽，大昭寺和小昭寺关于文成公主的传说，唐蕃会盟碑所见证的那段历史，四大林各自独有的风采，八廓街的喧嚣热闹，黄房子记录的美好爱情，老宅子里面的新故事，罗布林卡和宗角禄康的人间欢喜，"拉萨三大寺"的神圣，关帝拉康的桃花，美吴·伦珠通门林寺的"阿嘎"，墨竹工卡的甲玛乡，堆龙德庆的觉木隆藏戏，尼木的"三绝"，曲水的全鱼宴，林周的老农场，当雄的纳木错……

在山水之间，在木石之内，无数珍宝在历史和现实中熠熠生辉。曲贡遗址出土的铜镜，扎西岛的岩画，西藏博物馆里的印章，布达拉宫的雪堆白，寺庙里的壁画和唐卡……所有的物品和文化，都在诉说着悠久的历史，以及渗透在历史中的民族记忆。

这就是拉萨，是古老而真实的拉萨。

欢歌犹在，不减当年。

一个清晨，当雄县当曲卡镇曲登村的平措旺扎在吃过早饭后，来到家附近的小山坡上散步。他说："家里现在什么事情都不用我操心，我每天都出来散步锻炼身体，没有祖国的强盛，我哪能有这么悠闲幸福的老年生活。"

他年轻的时候，做的是放牧和卖盐巴的营生。为了换粮食，他要带着肉和盐巴，走很远很远的路。人民公社时期，他们组里有一辆解放车，公社解散后，他就把这辆车买了下来。年轻的时候，为了营生，平措旺扎跋山涉水到处跑，腿脚也落下了毛病。他说："现在政策很好，县里的医院专门把我带过去，

给我的腿做了详细的检查,并且还把我的情况汇报给了市人民医院,现在就等着市人民医院回复看我这个情况适不适合做手术。"

平措旺扎以前的房子成了危房,因为那里总是有地震,后来政府出了一部分钱盖了新房。他们一家人搬进了新家、新房子、新家具、互联网,生活又是另一番模样。"家里现在现代化的电器一应俱全,以前洗衣服要用手搓,冬天的时候还要忍受冰冷刺骨的水,现在使用洗衣机十分方便。只要打开电视或手机,就能知道各个地方发生了什么大事。就连打酥油茶这种事,现在都发明出了机器,只要轻轻按一下就可以了。现在从当曲卡镇去拉萨,几个小时就能到,而且再也没有那么颠簸危险的土路了。"

他的儿子现在正在开货车,家里的生活越来越有奔头了。"最近我们这里在修高速路,借着这个机会,我们当地的老百姓许多都实现了就业,家里也有了更高的收入。孙子孙女们都在学校上学,国家对教育十分重视,有了国家的帮扶,孩子上学也没有使家里产生任何负担。"

这就是拉萨,是新时代的拉萨。

拉萨的美好,由历史孕育,并将融入未来的历史中。

红尘万里,拉萨尤美。

目录
MU LU

序 章 金顶下的拉萨：一座文化城堡的魂

度日月，穿山水——新时代的新拉萨 | 002

文化盛宴，鲜活的历史——拉萨文物古迹的保护与建设 | 005

雪山红日——红太阳下绽放民族团结花 | 009

第一篇 历史深处，拉萨温度

第一章 遗迹：古老拉萨的岁月之痕

曲贡遗址：史前雪域（上）| 016

曲贡遗址：史前雪域（下）| 020

扎西岛岩画：镌刻在拉萨的远古风景 | 023

第二章 华夏民族，格桑花开

唐蕃会盟碑：汉藏友好的见证 | 027

元代国师印：印章的故事 | 030

清政府驻藏大臣衙门旧址：倾听历史的声音 | 034

第三章 雪域上，温暖的红色光芒

蓝天下的西藏和平解放纪念碑 | 039

朗孜厦：旧西藏的人间地狱 | 043

雪域埋忠骨 | 047

第二篇 古城温柔，且有力量

第一章 布达拉宫：天上的宫阙

布达拉宫，雪山明珠 | 052

雪城：布达拉宫脚下的"博物馆" | 058

雪堆白的复兴梦 | 061

一座红山上的文物宝库 | 064

第二章 在拉萨，走坛城

风起大昭寺 | 068

小昭寺的人间烟火 | 072

风云四大林（上）| 075

风云四大林（下）| 078

第三章 醒在有阳光的八廓街

八廓古城，自在独行 | 081

黄房子：仓央嘉措的玛吉阿米 | 086

根敦群培纪念馆：行走一生，大师传奇 | 090

第三篇 人间烟火日光城

第一章 民居在野，回忆辉煌

古建大院：古宅新貌 | 096

拉让宁巴大院：诗意居地 | 099

你好，林仓；你好，夏扎 | 101

第二章　园林：清凉之地清凉心

一路向西，罗布林卡（上） | 105

一路向西，罗布林卡（下） | 107

宗角禄康：龙神徜徉的地方 | 110

第四篇　拉萨河上，信仰之间

第一章　圣城的一段般若时光

"天上的太阳"甘丹寺 | 116

哲蚌寺：菩提此处来 | 119

色拉寺：一场别开生面的辩经 | 122

木如寺：藏于民居的静谧 | 124

石窟寺：以窟立寺 | 127

第二章　寺庙，在梵音外

桃花开在关帝拉康 | 130

美吴·伦珠通门林寺，珍宝在脚下 | 133

圣城里的清真寺 | 135

第五篇　雪域小城故事多

第一章　"天边之乡"的墨竹工卡

甲玛乡，等风，等你 | 142

"大思金拉措"，山水有相逢 | 146

拉萨河上，天边之乡 | 150

第二章　堆龙德庆，上谷极乐

始终行走在堆龙河畔 | 153

藏戏之乡的蓦然回首 | 157

那些寺庙，晴天正好 | 161

第三章　看一场"尼木三绝"

尼木县：拉萨的作坊 | 166

藏香：吞巴有味是清欢 | 170

雪拉藏纸：毒草上绽放的生命 | 172

普松雕刻：指尖上的修行 | 176

第四章　曲水：梦里水乡

才纳：花开正好，药香满城 | 180

俊巴渔村：阳光强烈，水波温柔 | 183

雄色寺：此时众生 | 188

第五章　左脚，就在林周停下

一剪林周的时光 | 192

林周古寺，别样幽静 | 195

林周农场的红色故事 | 199

第六章　当雄——令世人向往的地方

当雄草原有歌来（上） | 202

当雄草原有歌来（下） | 206

纳木错：山水岁月长 | 208

后　记　我们拉萨，古老又年轻 | 214

附录一　拉萨历史文化概念简表 | 216

附录二　拉萨重要寺庙类文物保护单位名录 | 222

主要参考文献 | 231

序章
XU ZHANG

序 金顶下的拉萨：一座文化城堡的魂

在漫长的岁月中，拉萨的文化如同一颗孕育在贝壳中的珍珠，在新时代的长河里，拉萨再次展现它的光华。这里古老的痕迹以及民族文化，是过去留给现在的礼物，也是现在留给未来的底蕴。这颗高原的宝珠，同华夏民族的其他珍宝一起，串联成华美至极的璎珞，在红日下，熠熠生辉。

●度日月，穿山水——新时代的新拉萨●

"心中屹立着圣洁的珠穆朗玛，
虔诚的信仰染红了天边云霞，
念珠滚动脑海不停念呀念呀，
远方为我凌空飞舞吉祥哈达，
心驰神往辉煌壮丽的布达拉，
朝圣的脚步执着奔向藏家，
嘛尼经轮手上不停转呀转呀，
一条神奇天路铺到我的脚下，
我要去拉萨，我要去拉萨……"

这首《我要去拉萨》曾经在全国各地唱响，歌曲里描绘的世界让人心驰神往。作为西藏的首府，拉萨这座古城在高原上望尽了多少金戈铁马和风花雪月，那里的山川湖海是天地造化，那里的土木建筑是人类智慧，每一处都充满了历史的沧桑，每一处都融入了现代浪潮。

1.一座古城的新风貌

拉萨有念青唐古拉山、纳木错湖、当雄草原、拉萨河、堆龙河口，拉萨有罗布林卡、宗角禄康、布达拉宫、大昭寺、小昭寺、八廓街，拉萨有唐蕃会盟碑、清政府驻藏大臣衙门旧址、公主柳、玛吉阿米、达普天文历算台、甲玛沟，拉萨有雪堆白、唐卡、藏纸、藏香、壁画、普松雕刻、面具、铜铸手工艺品……

美好的藏族文化在历史中如同一颗熠熠生辉的宝石，而这颗宝石在新的时代里，也闪耀着独属于自己的崭新的光芒。

今天的拉萨，是新的拉萨。

民主改革之前，拉萨的街道，除了八廓街，其他地方都带着一种杂乱陈旧的颓唐——那个时候，道路是破旧的，又缺失排水设备，每逢刮风下雨，街上就泥水脏污横流；道路上没有路灯，到了晚上，行人们只能摸黑。

饿肚子的人、乞丐、病人、囚犯，甚至乱跑的流浪狗，都大量聚集在街道上。

后来，为了进行老城区改造，党中央、国务院专门划拨巨资，对老城区危房、道路、上下排水管进行改造，这才有了现在的拉萨。在日新月异的时代发展中，拉萨有了干净整洁的青石板路、整齐有序的商户、充满各种香气的街道、利落明了的标识和路牌，家家户户都用上了自来水和暖气，WiFi速度很快，购物可以直接扫二维码刷手机，通过网购可以买到国内任何一个城市的任何一种产品，也有汇聚各地小吃的饮食处……

这座古城也有自己对"智慧城市"的畅想，利用我们国家的北斗导航系统，做好高精度定位系统，比如，参观布达拉宫、大昭寺、小昭寺等胜地，北斗导航系统相关设备就可以提供相应的文物古迹历史知识讲解；或者在拉萨比较偏远的地方，也能做到实地信息查询或者求助，不至于出现意外情况的时候失联。

拉萨这座古城也展现出了日新月异的蜕变，它是"中国最安全城市"，它是"中国最优空气质量城市"，它是"全国质量强市示范城市"等等。行走在新时代的拉萨，迎接着各种赞誉。城市骨架的建设，更是让这座千年古城拥有了更加强大的生命力和创造力，"树上山""河变湖""暖入户"，新建设的柏油马路、文化创意园区、具有民族特色的建筑物，这些古城呈现的新貌在青山绿水环绕间，多了一种生态文明发展的含义。

雪域高原上，一座传统和现代结合的新型城市，正在崛起——老街区和民族传统被保护和传承，现代化城市的基调在逐渐强化升级，在"一带一路"的春风里，这里更会邂逅春暖花开。拉萨正在全面发展城市建设和经济文化，一座宜居宜业宜游的城市，正在雪域高原上昂首阔步地前行。

2. 传统基因，现代拉萨

拉萨的生机和变化，包括传统文化的保护和传承，现代科学技术的普及与应用，是无数人努力的结果。

1951年，西藏和平解放，中央政府为了发展拉萨的城市建设，投入了大量资金，陆续兴建了拉萨饭店、西藏宾馆、西藏博物馆、大昭寺广场、西藏人民会堂、布达拉宫广场等。这些崭新的建筑既带有传统的藏族风味，又融入了现代风格。今天，拉萨能够拥有干净整洁、便捷现代化的生活方式，与

政府的大力投入和支持分不开,与老百姓的辛勤劳动分不开,与所有人对美好生活的向往和追求分不开。

衡量一座城市现代化水平的因素之一,就是它的工业化水平。在西藏和平解放前,拉萨的城市工业水平仅限于一些小规模的手工作坊,在拉萨民间,隐匿了很多精通手工艺的无名匠人。经过多年努力,现在的拉萨在工业产业方面已经取得了不小的成绩,包括电力、机械加工、食品、纺织、皮革、建筑建材、印刷等。拉萨的工业力量已经完成了从无到有、从小到大的转变。2018年,拉萨市工业企业达到422家,市属规模以上工业企业发展到77家,工业增加值61.96亿元,比1959年增长6195倍,年均增长14.4%。

高原民族很擅长和牛羊马打交道,那里有丰美的草地和绿水,他们祖祖辈辈就在草原上游走,所以,农牧业的发展和当地老百姓的经济收入就挂钩了。对于普通老百姓来说,生活的一大理想,就是过上富足的日子,不必在衣食住行上局促,不必为孩子的教育操心,有时间享受生活乐趣。于是,拉萨市推动了乡村振兴战略、发展净土健康产业,现在,拉萨的食品、饮品、药品、饰品四大产业已经颇有成效。1959年,农村居民人均收入是57元,2018年,这个指标上涨了约252倍,是14369元。

20世纪80年代，拉萨个体工商业得到了恢复，之后，拉萨市工商局成立。慢慢地，拉萨很多商业化活动盛行起来，当年注册的个体工商户和私营企业不在少数。于是，拉萨的商业体系逐渐得到了完善。今天的八廓街就是一个小小的缩影，街道两旁的商店出售各种商品，有传统饰品，有藏族人的食物，有唐卡，有雪堆白铸像，有藏戏面具，还有尼泊尔的丝巾、印度的香料，同时，也开着咖啡厅、图书阅览室、酒吧，等等。

对于一个山美水美人美的地方，旅游业的发展是可以想见的。2018年，拉萨接待国内外游客1990.2万人次，实现旅游收入282.76亿元。截至2018年10月，拉萨一共有24处A级景区，143家星级宾馆（酒店），311家旅行社，4家旅游汽车公司，新增1家旅游房车公司，2个景区直通车运营团队。而在这一场旅游风潮中，拉萨人太明白自己的优势所在，这个有1300多岁的地方拥有太多的宝藏——那些有着千百年历史的名胜古迹和美丽建筑，那些被珍藏许久的文物瑰宝，以及那些传承了多少代的文明。拉萨已经准备好了，向全国各地展示自己，向世界吹响前进的号角。

拉萨，正走在城市化和现代化的进程中，同时，悠久的历史、丰富多彩的民族文化，也成为它的助推器之一。这座城市，左手传统文化，右手现代生活，脚下是前进的步伐。一座有底蕴的城市，如同一坛陈年老酒，并且这坛酒已开封，在雪域高原上，香飘四溢。

● 文化盛宴，鲜活的历史——拉萨文物古迹的保护与建设 ●

历史如同一支彩笔，描绘在时间里，画下山川湖海，画下花鸟虫鱼，画下文物古迹……时间再给形形色色各物包浆，使它们逐渐有了价值无匹的含义。这些走过时间、存于现在的"古董"成为见证历史的美好回忆。

截至2019年5月，拉萨市有不可移动文物点934处，包括古遗址、古建筑等，其中全国重点文物保护单位数量达16处。"十三五"期间，国家投资1.2亿元，实施了6个文物平安工程项目，对西藏的寺庙、建筑物进行了保护维修。

1. 千盏灯殿的光，更亮了

拉萨的凌晨，日头还没有起来，清冷的空气里，似乎还有煨桑的味道。

大昭寺前，打扮得十分隆重的格珍，已经一遍又一遍地磕着等身长头。格珍从昌都来，她口诵经文，每一次磕头都极尽虔诚。她希望磕满整个"萨嘎达瓦月"。每年的藏历四月是佛月，藏语称为"萨嘎达瓦"，藏历四月十五这一天更是佛祖释迦牟尼诞生、涅槃和成佛的日子。像格珍一样虔诚的信徒并不少，除了拉萨本地的，还有来自日喀则、林芝等地的人。他们一圈又一圈地转经，一遍又一遍地磕头，向大昭寺里的佛祖等身像供奉着酥油，向穷人布施，向煨桑炉里添加松柏枝、酥油……每一个人的眼眸都是诚恳而洁净的，他们都有一个愿望，愿众生安康，都能够得到庇佑。

大昭寺前的千盏灯殿里，酥油灯总是被擦得干净明亮，灯里的酥油也总是不缺。曾经，千盏灯殿的窗户小，室内空气流通和透光性都不好，殿内昏昏暗暗，人也容易气闷，无论是来祈福的人，还是负责殿内酥油灯燃点、日常卫生的香灯师，感受都不是很好。不仅如此，因为殿内酥油灯数量有限，来供灯的人甚至要很辛苦地大排长龙。最主要的是，千盏灯殿的明火对大昭寺及唐蕃会盟碑等有不利影响，于是，千盏灯殿往西迁移了4米。现在，千盏灯殿不仅殿内空间得到了改善，酥油灯的数量也增添至上万盏。

国家对拉萨的重点文物保护工程一直十分重视，因为，这些文物古迹不仅是拉萨历史的一部分，更是拉萨的文化财富。所以，千盏灯殿、唐蕃会盟碑、大昭寺壁画和金顶、小昭寺等，这些重点文物的保护工作一直都在进行中。2018年，拉萨市各级政府共投资文物保护维修资金1.69亿多元。其中，复工楚布寺维修保护工程等6个"十三五"时期文物平安工程项目，就投资了8100万元；用于启动扎西岗寺、热堆寺等9个抢救性文物维修工程，投资5393万元。不仅如此，拉萨市文化（文物局）还成立了文物安全检查组，组织专门的工作人员，前往8个县区，开展文物安全专项检查。同时，对那些缺少安全防护设施的或有电路老旧安全隐患的文物保护单位进行补助；同时，对于40多处野外文物保护单位，则采用聘用当地村民看护的形式给予保护。

对文物的守护，已经成为拉萨市政府和人民共同的使命，他们要将这些美好的民族文化传承下去，让拉萨的历史，融入后世的生活之中。

2.融化在生活里的"文化遗产"

历史曾是生活，生活变作历史。

又是一个大晴天，拉萨的日头在午后有些耀眼，西藏拉萨师范高等专科学校里，充满了热闹而鲜活的氛围。那是2018年11月的一个下午，一场别开生面的活动，在这个学校里举行。舞台上是载歌载舞的拉萨市雪巴民间藏戏艺术团，其表演的《盛装舞步》，吸引了观众们的全部注意。舞台的背景写在墙上"西藏拉萨非物质文化遗产进校园"，舞台的前方则坐满了老师、学生和家长。在这场活动里，那些既久远又有生命力、既熟悉又陌生的文化，如卓舞、藏戏、朗玛、迪孜、尼木雪拉藏纸、尼赤派藏文书法和雕版印刷等，和学校里的学生们进行了一场最直接的面对面的接触。

其中，"迪孜"已经成为这所学校的兴趣课。"迪孜"，也被称为"石子算法"，是藏族传统算数的一种方法，在民主改革之前，是官方制定的审计和统计学，主要是用小石子、小木棍和核桃等物进行计算，现在属于西藏自治区级非物质文化遗产。

以非物质文化遗产为媒介，想要了解这种文化的人能够有所思有所问，而非物质文化传承人也能有所感有所答，甚至，将这些文化遗产逐渐融入现实生活的运作之中。接触了，学习了，才能爱得更加深沉。

雪域高原的风，飘着青稞酒的香，伴着酒香传来的，还有歌唱舞蹈时的欢笑。2019年的拉萨，依旧是那样宁静而温柔。宗角禄康公园，除了雪顿节，平时都是闲适而安宁的。不过，5月天，又是一个热闹的好时节——在公园里，一场又一场的藏戏，要开演了。

演员们表演精湛，演出队伍轮番上演着自己的拿手好戏。观众们喜气洋洋，很享受这一场民族文化的飨宴。一场场的藏戏表演，成为悠闲的宗角禄康公园里一道彩色风景。这场公园里的精神美食就是"藏戏演出季"。2019年的藏戏演出季，从5月持续到7月，在这段时间里，每逢周六就可以观看一场全天候的藏戏表演，8个县区精选出来的藏戏表演团队，300多民间藏戏艺人，10个场次的表演频率，而且这样的表演都是公益性的。著名八大藏戏剧目——《文成公主》《诺桑王子》《智美更登》《卓瓦桑姆》《白玛文巴》《顿月顿珠》《苏吉尼玛》《朗萨雯蚌》——悉数亮相。2006年藏戏入选国家级非物质文化遗产代表性项目名录，2009年藏戏入选人类非物质文化遗产代表性项目名录，而2019年则是藏戏入选人类口头和非物质遗产代表作十周年。

"藏戏演出季"，是经西藏自治区文化厅和拉萨市政府批准，拉萨市文

化局打造的一个品牌,意在将更深厚的民族文化内涵融入到休闲经济中。人们来到拉萨,不再只是走马观花,不再只是知道布达拉宫和大昭寺,而是真真切切地感受到,这个千年古城深厚的底蕴,以及这种底蕴带来的魅力。

在2018年的"藏戏演出季",有这样一段开场白——

"大地春光明媚,孔雀轻声婉转歌唱;天空出现五色彩虹,遍地百花开放……在这吉祥的日子里,按照古代传统习俗,来自协荣的两头雌雄野牛,与我一起,祝福生活幸福吉祥。"

这段开场白,也是"协荣仲孜"的一段独白。协荣仲孜就是野牦牛舞,已经有1000多年的历史了,它模仿野牦牛的动作而形成舞蹈。这种野牦牛舞,经过曲水县政府申报,入选国家级非物质文化遗产名录。

藏戏也好,协荣仲孜也好,拉萨就像一条幽深的古巷,它的晴天是美好的,它的雨天也是美好的,而且越往深处走去,越能感受到浓郁的花香、酒香。丰富的民族文化,是悠久历史赠予拉萨的礼物,而让这些文化大放异彩,则是拉萨赠予我们每一个人的礼物。

美好的传统文化需要从故纸堆里解放出来,需要从书上的白纸黑字中活过来,需要从历史的尘埃中展露自己的光华。

●雪山红日——红太阳下绽放民族团结花●

在《守望高原——讲述西藏干部的故事》一书中，开篇一段话是这样写的：

"每个献身西藏的进藏干部，都是一尊不朽的雕像。千千万万尊这样的雕像，与同样雕像般的藏族及当地各族干部、群众一起，面对祖国矗立着、崛升着，形成更为壮观的喜马拉雅山脉、冈底斯—念青唐古拉山脉、喀喇昆仑—昆仑山脉、唐古拉山脉和横断山脉，撑起了中国西南部的一片最蓝的天。"

拉萨的山，拉萨的水，拉萨的一草一木，拉萨的幸福生活，都是守候在拉萨土地上的各族人民的劳动成果，都有祖国在背后沉稳而有力的支持。和平解放西藏，十八军进军西藏，西藏民主改革，援藏干部和援藏项目，等等，这一番"换了人间"，"旧西藏"走进了新天地。

1. 翻身农奴把歌唱

每年的3月28日，是"西藏百万农奴解放纪念日"。2019年的这一天，拉萨市文化局为了庆祝西藏民主改革60周年，组织市内的文艺工作者，开展了文化进万家、送欢乐下基层、文艺志愿服务等文化活动，既有非遗展示又有知识竞猜，拉萨市老年艺术团还排演了节目《翻身农奴把歌唱》。拉萨市旅游发展局还组织党员干部参观了百万农奴解放纪念馆。这个纪念馆有6大区域，分别是"序厅""西藏自古以来就是祖国神圣领土不可分割的一部分""政教合一封建农奴制度统治下的旧西藏""民主改革""社会主义新西藏""昂首阔步新时代"。在纪念馆里，通过图片、实物、场景还原，还有3D呈现，展示了西藏的发展与进步历程。

对于很多拉萨老百姓来说，尤其是经历过旧西藏的人，对于新西藏的新生活，有很深的感触。

1945年出生的果木桑老人，总是说自己是"生在旧西藏，长在红旗下"。西藏民主改革后，果木桑最初是在驻林芝某部队农场工作。后来，他有了参军的志愿，于是入了伍。退伍后，他转业到了林芝市林工商联合公司。最终，他在1991年办理了退休。1999年，他买了一间55平方米的住房，位置在城关区绕赛社区热嘎麦大院。果木桑说，这在旧西藏是贵族们住的地方，他哪里住的上八廓街边儿的房子。

　　果木桑的童年十分艰苦，他对旧西藏的记忆是灰暗而痛苦的，所以，他常常感慨现在的美好生活。

　　果木桑小的时候没有念过书，对自己的名字，他只会念，不会写，他去农场工作的时候，工作人员只能根据读音"贡桑"大约写成"果木桑"，从此这就是他名字的写法了。小时候的他，吃不饱，穿不暖，一年到头，能吃上的几顿好的也只是那种掺了荞麦和芫根的糌粑，其实，这种粗糙的糌粑并没有那么好吃，但对于当时的他来说，已然很难得了。成年前，果木桑都没穿过鞋子，一直光脚，走过了很多地方，留下了很多伤口。他穿的也是用一条绳子系住腰口的破羊皮衣。那个年头，因为没有好的医疗环境，生孩子对女性来说是过鬼门关。而且因为没有好的生存条件，养孩子对孩子来说也是鬼门关。那个时候，老百姓过拉萨河还得给大贵族夏苏家过河钱，没钱就拿粮食抵。这样的生活，没有人会留恋。

　　所以，西藏和平解放之后，农奴们翻了身。1965年8月1日，拉萨大桥通车了。老百姓再不用给夏苏家过河钱了，有人为此还编了歌谣——"西藏和平得解放，大桥修在了拉萨河上。夏苏那个胖大娘啊，牛嘴笼套在了她的嘴巴上！"不仅如此，老百姓的生活也越来越好了。很多当年的农奴，家里有了住房，有了牛羊，有了存款，有了上班的孩子，有了上学的孙辈。西藏民主改革，让百万农奴翻身，让老百姓越过越好，这是实实在在的变化，这是不容置疑的事实，这是许多人共同努力的成果，这是中国繁荣昌盛的一角。果木桑老人对此感慨良多："旧西藏没人管我们的死活，更别说吃饱穿暖。还是共产党好！社会主义好！民族团结好！"他说这些话，不是在喊口号，而是在赞美真正的生活。

　　拉萨，能变成今天这座宜居宜游的城市，来自五湖四海的人，能够在这里享受酥油茶、糌粑、藏面，能够开车恣意地走过挂着经幡的山川，能够微笑着和这里的老百姓谈天说地，是因为中华人民共和国建立之后，雪山上逐渐遍及了红太阳的暖光。

2. 对口援建——拉萨河边的丰碑

在拉萨，有个说法：逛在北京东路，买在北京中路，吃在北京西路，修电脑、数码产品就到江苏路。

往大昭寺东北走一段路，就是北京东路，这里有八廓商城、冲赛康市场，有大昭寺、小昭寺、木如寺，还有驴窝餐厅、冈拉梅朵酒吧。整条街道都透着一种"我走过历史，我来到现在"的感觉，那种纯然民族风味中又带了一丝现代商业感，让人迷惑却又充满了吸引力。

拉萨的北京路是一条融合了古今变迁的繁华街道，这里涌动着人群，本地的、外地的、国内的、国外的，眼神或熟稔或好奇地在这处街道寻觅着自己想要的东西。

江苏路位于市区东部，东起拉萨大桥，西至康昂路口，中与林聚路、林廓东路、朵森格路相交。这条路由江苏省援建翻新，施工完毕后，为了感谢和纪念江苏省的援建工作，这条路被命名为"江苏路"，并建立了江苏路纪念碑。

北京路、江苏路、小昭寺路、八廓街，这些曲折街道，将拉萨的古老建筑与现代文明串联在一起。比如，布达拉宫里的绝美壁画和造像，大昭寺里的释迦牟尼12岁等身像，小昭寺里的释迦牟尼8岁等身像，八廓街里唐卡、雪堆白、藏戏面具的身影，拉鲁湿地国家级保护区，还有西藏人民会堂，等等，所有文物古迹的传奇都可以追溯到拉萨的历史——部落时期的文明，松赞干布时期的文物和壁画，元朝时期正式纳入中国版图的历史跫音，明清时期地方政权与中央政府的往来记忆，以及走进新西藏的幸福生活……这座承载了太多美好建筑、文物、壁画、铸像等的城市，本身就是一个拥有千年历史记忆的艺术品。

北京路和江苏路，就像是拥抱拉萨古城的两只手，铭刻着对口援建工程一路走来的艰辛和成果，也记录着西藏传统文化和现代发展的进步和未来。拉萨的成长，在于它承袭了历史久远的民族文化，携带着中华民族勤劳奋斗的优秀基因，在于它拥抱国家现代化的新风貌。这一切，贯穿于拉萨人的新生活中，渗透到拉萨山山水水的守护中，表现于对拉萨古物的保护与传承中。

这样的优化升级，是生活在拉萨各族人民的共同心愿和努力，其中，就包括了若干援建工程，以及无数援藏干部的"诗与远方"。

  北京、江苏、陕西、四川、湖北、广东等等，各地的援藏干部在这里贡献着自己的光与热，精准扶贫、产业发展、园区建设、基层民生、文化旅游……他们用自己的力量和智慧，写下朴素又深沉的故事，滋养着这片洁白无瑕的土地。

  "3年的援藏生活，让我对拉萨产生了永久的挂念——挂念着这里的河流、湖泊、沟渠、水库，挂念着这里淳朴的同事、百姓、农牧民兄弟，挂念着这里的蓝天碧水，挂念着在拉萨的日日夜夜……"

  这是江苏省第八批援藏干部、拉萨市水利局副局长周根富在2019年即将离别的时候说的话。在3年的工作中，他踏遍了拉萨的土地，探查了每一处山水沟渠，发展了拉萨水利标准化建设管理，推动了单位职工和干部的专业化和职业化水平……他和家人分离，人晒黑了，头发白了，心里却高兴，因为拉萨更好了。

  同样的，北京市第八批援藏干部王宁，在2016年7月踏上了拉萨的土地，

11月来到刚挂牌的体育局，彼时，只有三人在岗，他担任副局长，负责群众体育、竞技体育、青少年体育、体育产业、体育规划和体育彩票等体育业务方面的事务。拉萨的体育事业刚起步，他属于身兼多职，两年半的援藏时间里总共才休假9天。

2017年，有三百年历史的宗角禄康，成为"拉萨市全民健身示范点"，老百姓在这里打太极、练瑜伽、跳锅庄舞、散步聊天、摄影、游戏。千年古城，百年建筑，新时代精神，巧妙地结合在了一起。此前，老百姓的运动意识不够健身氛围不浓，公园的健身器材使用频率有限，针对这些情况，王宁用羽毛球、篮球等竞技体育来推广"全民健身"，成立了拉萨首支职业足球队，举办了拉萨市首届运动会暨民族传统体育运动会，他还打算将体育赛事和旅游经济对接。

白色的雪域之上，有一轮红色的太阳，它把温暖的阳光洒遍高原，这是中国共产党给予藏族人民的祝福，这是中国政府给予拉萨人民的礼物。于是，在拉萨的山水间，街巷里，小楼中，无数人挥洒着他们的汗水，盼望着拉萨更美好的明天。

第一篇
DI YI PIAN

壹

历史深处，拉萨温度

拉萨，像一首自远古而来的歌，携着它的千载光阴，从历史深处走来。这片古老的大地上，有风，有雨，有人，有传说，有故事，有走过了无数岁月的历史见证。这是一部藏族人民的简史，这是一首华夏儿女携手共进的赞歌。

那些数不尽的历史故事，在曲贡遗址的底层里，在扎西岛的岩画中，在唐蕃会盟的石碑上，在元代国师们的印章里，在清政府驻藏大臣衙门的驻藏大臣名录中，在西藏和平解放纪念碑的文字内，在那片埋葬了烈士们的土地里……我们抚摸拉萨的每一块砖瓦，走过拉萨的每一条街道，却发现活生生的历史，带着暖意，存活在我们身边。蓦然回首，灯火阑珊处，是一个温暖而柔软的拉萨。

拉萨，从历史中走来，又回到历史之中。

第一章 遗迹：古老拉萨的岁月之痕

风，从远古而来，吹过雪域高原，吹过了曾在那里建立的原始村庄，吹过了村庄里劳碌的高原先民，吹过了那里的铜镜，吹过了那里的巨石，吹过了那里的湖泊，吹过了那里的岩画……先民们带着虔诚和敬意，拜服着天地，那里的山川草木便有了人性投射的灵气。

●曲贡遗址：史前雪域（上）●

我们来到西藏，来到拉萨，目睹着这里从千百年前就留下的痕迹，这些留下来的高原祖辈的智慧结晶，让我们足以猜想那个时候的生活。千年前的高原先民，如何早出晚归，如何娱乐生活……于是，存在于史书上的只言片语，便在现实的历史痕迹中，变得愈发鲜活，而久远的历史文化，也在薪火相传的生命力中延续下去。

1.藏族的远古先民

关于西藏的石器时代考古工作，在1951年和平解放之前是一片空白。正是因为历史考古知识的缺失，当时，人们对藏族的人种来源一直有争议，不过，大多数争议都有一个共同点，那就是几乎都认为藏族的先民是由西藏以外的地方迁入的。但是，这些说法或没有充分证据，或完全是臆测。这就造成了对西藏远古时期文明的虚化。不过，后来的遗址发掘考古证明，在远古时期，雪域高原就已经有人类活动，而且，并非"外来人种"。

"西藏发现的旧石器在石器类型和制造工艺等方面明显具有我国华北旧石器时代常见的特征……因此有人认为西藏北部阿里、那曲地区（今那曲市）'旧石器的形制，与黄河流域发现的旧石器基本上属于同一个系统'。……考古发现证明，至少在旧石器时代中、晚期，现今西藏高原的大部分地区就已经有古人类活动。他们无疑是我们目前所知道的西藏最早的土著居民。虽然由于资料的限制，目前我们还难以对他们的生活情况得出更多的实质性的结论，但有一点可以肯定：那种认为藏族的祖先只能是从西藏以外的地方迁去的传统看法，即所谓藏族族源'外来说'的观点，从根本上说是完全不能成立的。……西藏的旧石器文明已经不是一个孤立的文明。西藏的旧石器在文化面貌上与黄河流域旧石器时代传统相接近，二者具有显著的相同文化因素……西藏高原与黄河流域在旧石器文化上所呈现出的共同文化因素，说明当时两地的远古居民在文化或种族上已经有了某种密切的联系。"[1]

所以，我们可以知道，即便是环境酷寒的雪域，那里有直追天际的喜马拉雅山，那里有封山的大雪覆盖在土地上，就算这样，在远古时期，仍旧有藏族的先民们在这里生存。艰苦的环境并不会成为藏族先祖们发展壮大的阻碍，他们在高寒里，在冰雪中，努力地创造着未来。

而且，即便在高原之上，那个时候的高原先民们也并不孤单，他们和黄河流域的先民们也存在某种联系。华夏文明各色花朵的种子，早在远古时期就撒遍了祖国大地，不仅在高原，还在盆地，在平原，在草地，在森林，在海边……

2. 曲贡文化遗址：曾经的记忆

1977年到1979年，在昌都县城（即今天的昌都市）的卡若，西藏自治区文管会和四川大学历史系进行了两次科学发掘。昌都卡若文化遗址的发掘，为研究西藏的古代历史提供了证明。拨开层层泥土，埋葬在里面的道路、房屋、灶台等遗迹逐渐显出了大致轮廓，石器、骨器、细石器、陶器等也露出了自己曾经的生活痕迹。那里出土的各种动物骨骼，包括牛、羊、猪、羚、獐等，让我们仿佛看到了曾存在于卡若遗址中成群蓄养的动物们，那个时候的它们或许在草地上奔走，咀嚼青草。昌都卡若文化遗址，是西藏首次发现的新石器时代文化遗址，驳斥了那种西藏古时无人的观点。这为此后其他地区的遗址考古提供了资料和方向。而西藏自治区那曲市申扎县的尼阿底遗址，更是可以将人类痕迹在青藏高原的历史追溯到旧石器时代。

---

[1] 石硕：《西藏石器时代的考古发现对认识西藏远古文明的价值》，载于《中国藏学》1992年第1期，第55页。

2011年以来，位于羌塘高原的一处旧石器时代遗址——尼阿底遗址——被发掘，尼阿底遗址的出现，证实了青藏高原在4到3万年前就已经出现了人类活动。史前人类征服高海拔地带的世界记录在此得到刷新。尤其，在这处海拔4600米的遗址中出土的"石叶"意义重大，石叶技术是一种史前人类的工具制作技术，时间大概在旧石器时代晚期，这项技术在非洲、欧洲、西亚和西伯利亚等地区发现得比较多，我国北方少量遗址也有所发现。这对研究古人群迁徙、融合和文化交流具有重要意义。

正因如此，尼阿底遗址被评选为2018年度全国十大考古发现，并于2019年列入全国重点文物保护单位。

除了昌都卡诺文化遗址和尼阿底遗址外，位于拉萨北郊的曲贡遗址，是关于西藏石器时代遗址的另一重大发现。

我们把时间回溯到1984年。那一年，西藏的考古学家来到了拉萨北郊的娘惹山沟，在曲贡村发现了一处拉萨先民的遗址。这个古老的村庄，依靠着山，临近拉萨河，在这里有一座窑穴，两座灰坑，还有很多打制石器、石片、陶片，附带一些骨器和磨制石器。

"曲贡遗址是拉萨首次发现的新石器时代文化遗址，也是继昌都卡若遗址以后，西藏境内第二个经过科学调查和试掘的新石器遗址……遗址采集和出土的器物较丰富，显示出自身的特性和典型性。石器中打制石器占绝大多数，器类多，器型较规整，以打制双肩石铲、柱状敲砸器、两侧带缺口网坠、琢制石磨盘较为典型。通体磨光器虽仅发现一件完整玉锛，但其精美程度表现了当时已具有高超的磨制工艺水平。遗址的陶器均为手制，个别器物经慢轮修整，泥质陶、夹砂陶各占约半，陶色以灰褐为主，其次为磨光黑皮、褐、红褐色，泥质磨光黑皮陶最具特色，器型小，器壁薄，器表黑亮如釉。陶器纹饰盛行刻画纹，此外，锥刺纹、锯齿纹、附加堆纹、三角形假镂孔等也是常见的纹饰。器物组合以罐、钵、碗、豆、壶为主，只见圆底、圈足，不见平底、三足器，耳较发达。骨器种类也较丰富。"①

---

① 西藏文管会文物普查队、张建林、更堆执笔:《拉萨曲贡村遗址调查试掘简报》，载于《文物》1985年第9期，第28页。

我们可以想象，曾经生活在这片高原上的先民部落已初具村落的规模，他们聚居生活。那个时候的高原先民已经有了很好的磨制水平，石器在他们的手中，由普通的石块，开始变成能够供给生活所用的工具。他们找来石头，或打制，或磨制，将这些锋利的石片制作成捕捉猎物和分割肉类的器具。他们制作各种陶器，用来盛放食物、饮用水等。高原先民们日复一日地过着简单而充实的生活，他们在山水天地的四季变化中，感受着世界。或许正是如此，外部世界给予他们的美好感受，通过他们的双手，再现于手工制作的器具上，那些陶器的简洁线条和朴素刻纹，可能正是他们审美创意的释放。他们生活中的工具，不仅实用，而且有种原始的美好。

　　曲贡遗址里有骨器的发现，包括针、锥、匕、穿孔骨片等。我们似乎又能看见，这些高原先民物尽其用的本领。猎物的肉供自己食用，骨头打磨成工具，兽皮可以用来御寒，于是，骨片穿孔，骨针缝纫，一件兽皮大衣出现了。这可以帮助他们免受户外荆棘的伤害，也可以帮助他们抵御天气的酷寒。

3.猴面陶塑与带柄铜镜

　　在曲贡遗址出土的陶艺品中，有一件猴面陶塑。这件浮雕猴头像，很容易让人联想到关于西藏人种起源的一则流行说法——猕猴与岩魔女的故事。

　　传说，很久以前，在西藏山南的雅隆河谷，有一只猕猴，后来它和岩魔女结合，生下了六只小猕猴。之后，在食物充沛、环境良好的森林中，这六只小猕猴繁衍出了五百多只后代。随着猕猴越来越多，食物越来越少，为了寻求生路，老父猴就带着后代们走出森林，迁徙他处。在迁徙的过程中，猕猴们的模样逐渐发生了变化，尾巴不见了，身上的毛也没了，而且，大家开始学着说话交谈。猕猴们就这样进化成了人。

　　这个十分符合进化论的传说，在拉萨的很多地方都有出现，布达拉宫或者罗布林卡的壁画都有这样的描绘。这尊猴面陶塑的出现，似乎可以将这个口耳相传的故事，追溯到4000年前。

　　曲贡遗址中还出土过一件带柄铜镜。铜镜的造型是圆形，带着铁柄，整体并没有精致的刻纹。整面铜镜在走过漫长的岁月之后，或许既有重见光明的喜悦，也有风华不再的感慨。因为锈蚀，铜镜镜面和铁柄已经断裂分离，镜身也有斑驳的锈迹。我们无从得知，几千年前执镜梳妆的到底是何人。但是，我们能推测，那个时候的雪域高原并不因高寒地貌而与世隔绝。

"这种形制的带柄镜,与我国黄河、长江流域唐以后所出的带柄铜镜,不属于一个大的文化系统,是可以断定的。就世界范围而言,古代铜镜大体上可以分为东、西两大系统,一是以我国为代表的东亚圆板具纽镜系统,二是流行于西亚、中近东及中亚诸古文明中的带柄镜系统……我们有比较充足的理由判断,西藏曲贡村墓葬以及我国新疆、云南等地古墓葬中所出土的上述带柄铜镜,不属于我国中原文化系统,而是属于西方带柄镜系统的遗物。"[1]

所以,这也反映了当时的高原地区文化和南亚印度河流域、中亚、西亚地区有一定联系。这种联系是因为青藏高原处于三大远古文明地区之间,不过西藏和黄河流域文明的联系还是更加紧密。因为中原王朝的疆域每一次向西拓展,都会对高原地区的部落分布产生影响,这种影响不曾断绝,在高原形成了统一的政权后,这种血脉相承的历史基因愈发明显。

● 曲贡遗址:史前雪域(下)●

曲贡村新石器时代文化遗址,在1984年被挖掘后,又在1990年到1992年进行了三次发掘,发掘了很多新的文化宝藏。

1. 巨石崇拜,路边的"文物"

在曲贡遗址出土的大量文物中,发现了墓葬坑和四具完整的人骨架。同时,还出土了很多被涂上了红色矿物颜料的石器。在刚出土的时候,这些红色矿物颜料还显得十分艳丽。

"灵魂不死的观念,是史前人类的发明,灵魂的表象即是鲜红的血。人们从被自己打杀的动物流血死亡的现象中,从同伴和亲人失血死亡的现象中,有了一个颠倒的经验总结:血是生命的主宰,所以血就是灵魂。他们认为,只要把血象征性地涂在一个物体上,那么这个物体就有了魂灵,就具有

---

[1] 霍巍:《西藏曲贡村石室墓出土的带柄铜镜及其相关问题初探》,载于《考古》1994年第7期,第650页。

了一种特殊的神明。但是人们又发现，鲜血并不能永远保持鲜红，于是他们开始用赤铁矿粉之类的红色来代替鲜血。原始人喜爱红色，正是基于这种灵魂崇拜意识。"①

这种通过石头传达精神和崇拜的思维，也延续在了之后的时光中。在西藏做过实地考察的学者罗列赫，在去往拉萨的道路边发现了一块巨石，这块石头差不多4米高，被涂上了酥油，这是很明显的供祀痕迹。当时罗列赫的推测是，这应该是铜器时代的遗迹。

西藏的很多遗址上都有这样类似的石块，数量不定，造型不一，或单独摆放，或成堆摆放。如果是多个巨石，则或摆成圆形，或摆成方形，或摆成直线等等。

罗列赫还在这些遗迹附近发现了动物纹饰器物，比如马和鹰。

"显然，石丘墓、大石遗迹和动物形纹饰都是北方草原文化的特征。广袤的亚欧草原西起匈牙利，越过第聂伯河、伏尔加河、乌拉尔河，经过中亚而达中国的北部和西部……西藏的上述遗物即属其中一部分。它与中国文献上所说的西羌和鲜卑族从东北方向传入有更密切的关系。看来，民族迁徙与文化交流在这一时期西藏文明的发展中起到了积极的促进作用。"②

2.拉萨河：孕育文化的母亲河

曲贡文化遗址的发掘，将拉萨的文明史推到了4000年前，也为人们畅想那个时候的拉萨河谷的开发，提供了依据。

拉萨河，藏语的意思是"快乐河""幸福河"，古时候也被称为"逻些川""吉曲"等，位于雅鲁藏布江中游北岸，发源于念青唐古拉山脉中段南麓。这条河全长551千米，流域面积3.25万平方千米，途经拉萨市6县1区47个乡镇，拉萨河长久地滋养着拉萨这片土地。

---

① 王仁湘：《拉萨河谷的新石器时代居民——曲贡遗址发掘记》，载于《西藏研究》1990年第4期，第138页。

② 陈庆英、高淑芬：《西藏通史》，郑州：中州古籍出版社，2003年，第12页。

当然，拉萨河也不总是温柔多情，她也有洪水泛滥的时候。在西藏史料中，拉萨河水曾多次侵袭市区，导致人们需要用牛皮船才能过八廓街。到了1951年之后，拉萨河的治理工作才开始逐步展开，直到1968年，治理工程才基本完成。此后，当地政府更是按照百年一遇的防洪标准对拉萨河中段进行治理。

不过，在拉萨河的滋养下，再加上潮湿温暖的气候，拉萨河谷已成为一处孕育生命的温床。这里纵横的田地里种着粮食，丰收时节，拉萨河谷洋溢着幸福的呼声。难怪拉萨河有"幸福河"的含义。拉萨河，像一位慈爱的母亲，给予拉萨甜美的乳汁和悉心的关爱。

这里种植收获的粮食，养活了拉萨人。在松赞干布的父亲囊日松赞时期，已经有了吐蕃政权的雏形，而且吐蕃政权的政治中心已经迁移到拉萨河流域，松赞干布更是直接迁都拉萨。松赞干布看中的，正是拉萨优越的地理位置。四面环山，一水相依，就是天然屏障。拉萨河谷广平的地势，既可以放牧也就可以农耕，确保物产。拉萨在西藏的中间位置，也相对安全。

松赞干布统一了高原各部落，如今的西藏还分布着当年被兼并的政权遗址。比如，西藏阿里的象雄遗址，那曲的苏毗女国旧址。

拉萨河，这个孕育了曲贡遗址的地方，如今又是一番新面貌。

与布达拉宫相守相望的，是青藏铁路拉萨河特大桥，通体洁白的桥身像是天上的白云化成，天空落在河水里，河水映衬着白桥，像是飘荡在风中的哈达，又像是连绵的雪山。而贡嘎机场前的曲水雅鲁藏布江大桥，也是不可错过的一道风景。在远山、蓝天、河水中，这些桥梁架起了藏族文化和经济发展的通道。

如今，我们来到拉萨，大街小巷里，寺院里，民居里，都种着各色的花。漫步在八廓街上，有人听着民谣，有人听着民间小调，有人喝着咖啡，有人吃着北京烤鸭，有人穿着牛仔裤、T恤，有人拿着转经筒，英语、普通话、藏语……会出现在某个角落，汉族、藏族、回族甚至外国人都在这里有促膝长谈的时候。有的店铺里早就有了结账的二维码，有的老巷子还有传统服饰在售卖。有些地方飘荡着人间喧嚣，有些地方如世外桃源一般幽静。这是新时代的拉萨，这是现代化的拉萨。千年前、万年前的藏族先民们，或许并不会想到现在这样的生活，迅速、便捷、智能、文化交融。但是，如今的拉萨是曾经先辈努力耕耘的花朵和果实，在久远的过去，他们坚守在此处，生根发芽，繁衍生命，于是，在千百年的文化积累中，一个更加多元的、深厚的、历史悠久的民族文明诞生并延续至今。

● 扎西岛岩画：镌刻在拉萨的远古风景 ●

"呼——呼——"从念青唐古拉山上飘荡下来的风，带着雪的味道和冰的清冷，吹向天空，吹向路面，吹向行人，吹向那里的花草和动物。纳木错的湖水，在一年四季的轮转中，冰封又融化，当雄的春夏秋冬，就在湖面上停留过了。

如果我们只是行色匆匆地享受着这一山一湖的美好，而没有耐心细细探寻深藏其中的秘密宝藏，那么，我们就会错过很多历史留给我们的礼物。

1.扎西岛岩画：远古的呼唤

1992年，我国一批由艺术家组成的文物普查队，在纳木错扎西岛发现了一批古代洞穴岩画。扎西岛是纳木错湖中最大的岛屿,位置在拉萨市当雄县。

2009年,拉萨市第三次全国文物普查工作队在当雄县进行文物普查时,在扎西岛又新发现了20多处吐蕃时期的洞穴岩画,岩画上的图案包括牦牛、马、羊、骑者、武士、巫师、树木、太阳、塔、经幡、箭、雍仲(宗教符号)等,场景包括围猎、放牧、斗兽、祭祀、战争等,大多都是用红色颜料以线描和平涂两种手法绘制而成。扎西岛岩画并非一个时期创作完成的,而是呈现不同时期的不同特征。

扎西岛岩画的时间主要分为早、中、晚三个时期。早期主要是吐蕃政权统一高原以前,那个时候,高原还处于部落制度时期;中期推测是吐蕃政权时期;而晚期应该是吐蕃政权消失了以后。

"早期的岩画内容有人、猴、鹿、马、羚羊、野牛、野猪、太阳、'卍'字符号、人骑牛、人骑象、骆驼、鹰、巫师等,表现的题材有射猎、舞蹈、祭祀、放牧等。作画方法以粗线描绘为主,平涂较少。人物、动物皆不刻画细部,人物也多不着装,且有部分绘出生殖器,舞蹈主要为单人或双人舞,不表现宏大场面……中期的岩画内容有人物、鹿、牦牛、马、狼、豹、人骑马、鸟、树、塔等。表现的题材主要为舞蹈、顶鹿、捕鸟、斗兽、战争等。作画方法以大块面平涂为主。人物形象已比较真实,且均已绘有服饰。动物造型亦比较生动。图像色彩比早期的要稍深一些……晚期的岩画内容有经幡、佛像、八吉祥、云朵等。"①

2.从彼时到此时,文化一直都在

那些久远的生活风景,以岩画这种方式,走到了我们的面前。我们能从这些简单的图像里,读出一个又一个曾经鲜活满满的故事。扎西岛岩画的动物图案中,比例相对多的,就是牦牛。

"扎西半岛中间断开,分成东岛和西岛,两者相距约300米,东岛藏语又称'恰妥朗卡朵'。调查时共发现岩画地点12处,其中第1至第3地点位

---

① 郭周虎,颜泽余,次旦格列:《西藏纳木错扎西岛洞穴岩壁画调查简报》,载于《考古》1994年第7期,第617—618页。

于西岛,第4至第12地点位于东岛……第1地点……岩画主要分布于岩洞的后壁及北壁上。后壁左端上部涂绘一只牦牛,躯体肥壮,形象逼真,双角内弯向上,显得威猛有力。"①

"洞穴东壁……双尖角弯曲向上,当为牦牛,其中之一背有鞍具,靠里一幅双耳竖立,属性不明。最里端向上有一鹰,鹰上绘一牦牛残躯。"②

"在后壁的左下角,仅有图像2幅,一人骑于牦牛上手执弓箭逐鹿,鹿背上有一短线示意已被射中。"③

藏族有一句俗语,凡是有藏族的地方就有牦牛。可想而知,牦牛文化与藏族人民的生活如何息息相关。藏族民间歌谣《斯巴宰牛歌》中提道:

"问:斯巴宰杀小牛时,砍下牛头放哪里?我不知道问歌手;斯巴宰杀小牛时,割下牛尾放哪里?我不知道问歌手;斯巴宰杀小牛时,剥下牛皮放哪里?我不知道问歌手。

"答:斯巴宰杀小牛时,砍下牛头放高处,所以山峰高耸耸;斯巴宰杀小牛时,割下牛尾栽山阴,所以森林浓郁郁;斯巴宰杀小牛时,剥下牛皮铺平处,所以大地平坦坦。"④

这里的"斯巴",其实就是"世界"的拟人化。牦牛的头颅变成了高山,牦牛的尾巴变成了森林,牦牛的皮变成了大地。所以,牦牛在传说中成为藏族大地的源起,而这一藏族文化元素,不仅烙印在千万年前的岩画中,也树立于现代拉萨的阳光里。西藏牦牛博物馆——这座世界上唯一以牦牛为主题的专题博物馆,就坐落在拉萨市柳梧新区察古大道16号。它就像岩画一

---

① 郭周虎,颜泽余,次旦格列:《西藏纳木错扎西岛洞穴岩壁画调查简报》,载于《考古》1994年第7期,第607页。

② 郭周虎,颜泽余,次旦格列:《西藏纳木错扎西岛洞穴岩壁画调查简报》,载于《考古》1994年第7期,第608页。

③ 郭周虎,颜泽余,次旦格列:《西藏纳木错扎西岛洞穴岩壁画调查简报》,载于《考古》1994年第7期,第615页。

④ 马学良,恰白·次旦平措,佟锦华:《藏族文学史》,成都:四川民族出版社,1994年版,第15—16页。

样,也记录下了牦牛在雪域高原上漫长的历史和质朴的一生。所以,藏族文化的生命力,一直都在雪域上传承着,直至今天。

岩画,是人类表达情感思想和现实生活的一种方式,它以一种"入木三分"的果决,用石头和凿刻工具,将掩盖于历史尘埃中的过往,以静态的方式提供我们动态的想象——人民迁徙、经济状况、艺术文化、风俗民情、宗教信仰等,我们都能透过一块斑驳的石壁推测出来。

有意思的是,有一个洞穴不仅有藏文,同时还有汉文,隐约可以辨认出的是"大夫"两个字。两种文字所用的颜色也不一样。通过这一发现,我们仿佛可以想象一个故事,一个汉藏两族文化在千百年前相互影响的故事,或是他乡遇故知,或是对中原文化的向往。

不仅当雄县有岩画,墨竹工卡县也发现了岩画遗址。2018年,在拉萨市墨竹工卡县新发现了文物封土墓地、岩画与摩崖造像。西藏文物部门对墨竹工卡县扎雪乡、唐加乡、工卡镇的文物遗存进行了实地调查。其中扎雪乡有大型封土墓地的遗址。唐加乡发现的扎乃栋岩画点,地处拉萨河右岸孜麦山上,这些岩画的内容和扎西岛岩画很相似,包括宗教字符、动物、佛塔等,制作手法以点凿为主。除了拉萨,西藏还有很多其他地方也有重大的岩画发现,包括阿里地区日土县、定日高山牧场、墨脱县等地。

藏族文化的历史,一直都在高原的土地上活着。它们走过千万年的风雪,像一位有着丰富记忆的长者,守护着拉萨,造福着生活在这里的人们。

第二章　华夏民族，格桑花开

华夏大地，百花齐放，高原之上的格桑花，也在蓝天碧水之间，面向太阳。汉藏民族的情意，远比我们想象得更加长久。大唐的公主们，带去了祝福的祈愿。唐蕃会盟碑的背后，是民族和谐的声音。元代国师印，刻下的是藏族地区和汉族地区不可分割的版图与情谊。清政府的驻藏大臣们，也在藏族老百姓的心中留下了姓名。

华夏大地，自有格桑花开。

● 唐蕃会盟碑：汉藏友好的见证 ●

拉萨的大地之上，站立着很多的"神迹"，这些神迹不是传说中的神佛，而是真实的历史见证。它们在千百年的漫长岁月中，不仅目睹了拉萨的四季轮转和沧海桑田，也记录了那个年代那个时刻的历史事件。我们无缘见证彼时彼刻的历史，但有幸保存了历史的记录。

1. 从文成公主到唐蕃会盟碑

大昭寺前有个石围栏，里面立着一块石碑，石碑的碑文同时采用汉字和藏文书写，这块石碑被称为"长庆会盟碑"（因立于唐朝的长庆年间），也被称为"唐蕃会盟碑"，同时，这块石碑也被称为"甥舅和盟碑"。

碑文上表述了吐蕃与中原结成甥舅关系的历史渊源和亲如一家的情意。这块立于公元823年的石碑，以挺拔的姿态，矗立于拉萨的中心，讲述着千年前汉藏两族人民的携手共进。

追溯历史，曾经在雪域高原之上，分布着很多大小部落，如象雄、苏毗。生活在雅隆河谷的"蕃地六牦牛部"是其中一支实力强悍的部落，这支部落的领袖家族被称为"悉勃野"。蕃地六牦牛部在当代又被称为"蕃部"或"雅砻部落"。唐代的时候，悉勃野统一了高原的各个部落，因此该政权

就被中原称为"吐蕃"或者"蕃"。

在藏族的很多历史作品中,部落首领聂赤赞普①往往是藏族历史的开端。传说聂赤赞普建立了吐蕃最早的宫殿——雍布拉康。后来,经过一系列兼并战争,有一位杰出的赞普——囊日松赞开创了一个新局面,他对外征服了很多小部落,对内则进行高度集权,为高原各部落的统一奠定了基础。到了松赞干布时期,松赞干布不仅统一了高原各部落,还将都城迁往拉萨,并且命人创制了藏族文字。同时,松赞干布还强化了与中原大唐的关系,成为华夏文明不可分割的一分子。于是,历史书上浓墨重彩的一笔"文成公主和亲"便出现了。

文成公主的到来,让吐蕃开出了更多文明的花朵,这些花朵的芳香,流传至今。

她带来的粮食种子,丰富了藏族人民的饮食。她带来的先进技术和工匠,让藏族老百姓学会了酿酒、造纸、造墨。她带来的佛祖等身像,更是让佛法在吐蕃坚定地传播开来,这尊佛像至今仍在大昭寺里接受香火……如今,西藏人民仍旧感怀文成公主,藏戏《文成公主》依旧是八大藏戏之首。这一段汉族和藏族携手走向美好未来的历史,在岁月的磨洗之中,仍旧没有失却它原有的光泽。

---

①赞普:吐蕃最高领袖的称谓。

有了这样的基础，此后的和平与友好便显得越发有力量。

彼时，大唐和吐蕃的势力都有由盛转衰的迹象。双方边将贪图战功，便引发了一些摩擦。但是，大唐和吐蕃并不愿意因为战争损耗自己，所以，在长庆会盟以前，双方曾多次会盟，但并未达成和平目的。

唐长庆元年（821），吐蕃再次派遣使者去长安请盟。阴历十月十日，在长安西郊，大唐和吐蕃的高级官员举行了隆重的会盟仪式。

在谈判成功后，长庆二年（822），唐朝使者随同吐蕃使者来到了拉萨。当时，吐蕃热烈款待了大唐使者，年轻的赤热巴巾赞普也与大唐使者会面。吐蕃还在拉萨立了会盟坛，双方举行了盛大的会盟。长庆三年（823），以做永久纪念的"唐蕃会盟碑"矗立在了拉萨的中心，同样的会盟碑也立于西安。这块石碑之所以被称为"甥舅和盟碑"，也是为了纪念那一段历史事实——自从文成公主下嫁松赞干布之后，历代的吐蕃赞普都对大唐皇帝行子婿礼，以外甥自居。长庆会盟以后，大唐和吐蕃再也没有发生过大的战争，唐蕃交界处的老百姓也得到了休养生息的机会。

据说，石碑落成的那一日，拉萨的老百姓载歌载舞，欢庆着这美好的一天。那一日的歌舞所表达出来的快乐，似乎还缭绕在石碑之上。在之后白云苍狗的变幻之中，在风吹日晒的侵袭之中，这块石碑上的文字虽然有所磨灭，但是那份两地人民一家亲的情意无法磨灭。

经千年的风霜，石碑上的文字依稀可以辨认，那些文字镌刻在此，欢颂着千年前的声音。这块石碑，是一首欢歌，歌声响彻至今，也会飘向未来。

2. 广场上，石碑前

在拉萨，与唐蕃会盟碑遥遥相对的一处，有一尊宝鼎。这尊宝鼎名为"民族团结宝鼎"，民族团结宝鼎是在2001年的时候，中央政府为庆祝西藏和平解放５０周年，向西藏自治区赠送的礼物。宝鼎总高5米，重约3.5吨，周围的浮雕分别为"签订'十七条协议'""民主改革""川藏、青藏公路通车""毛主席派人来""腾飞的西藏""全国各族人民大团结"的历史性画面。这尊宝鼎继唐蕃会盟碑之后，成为新历史的见证者。它所见证的，也正是千年前的西藏老百姓们所希望的——一个团结与和平的时代。

黎明的阳光，透过云层，投射到大昭寺前的广场上。清晨的凉气也从唐蕃会盟碑矗立的地方，微微褪去。2019年的元旦，在太阳还未彻底升起的时间里，广场上已经穿梭着许多行人了。两个从浙江来的姑娘，一个穿着黑衣服，一个穿着白衣服。白衣姑娘脖子上围着一条藏族花样的围巾，正摆着一个"比心"的姿势，黑衣姑娘则拿着一个相机正在拍照。两人都微微笑着，摆着各种姿势，这里拍一张，那里拍一张。她们的脸上都带着干净的笑容，看得出来，她们是真喜欢这里。镜头里，拉萨的天空和现实中一样蓝，照片的背景里，唐蕃会盟碑被纳入其中。一个广西来的大哥也在广场上，他不说话，也没有人做伴，就一个人在角落里站着。他手里拿着一本书，耳朵里戴着无线耳机，口里哼着不知名的小曲儿，仿佛是八廓街上常放的调子。每一天，广场上都会来来往往若干人，其中自然包括外国游客。他们有的来自远方的欧洲，如法国、丹麦、捷克……还有一些人从邻国而来，如印度、尼泊尔、韩国、泰国。

明亮的广场上，人也变得明亮了。五湖四海的人来到拉萨，在大昭寺前的广场上注视着它，想象着这块石碑背后的故事，以及千年前两地人民对和平生活的期盼。

千年前，唐蕃会盟碑在这里，民族的和平与团结也在这里。现在，它依旧在这里，美好生活已遍及拉萨大地。

●元代国师印：印章的故事●

博物馆，是珍藏人类历史和记忆的地方。它像一座城市的眼睛，城市的灵魂能在这里窥见一二。那些曾经或美好或悲伤的故事，那些远古至今留下的生存痕迹，那些无声地讲述着过往的文物……这些美好的存在，都能成为我们了解一座城市的窗口。

1.历史刻刀，元代印章

西藏博物馆，是西藏自治区第一座现代化综合性国家一级博物馆，位于拉萨市罗布林卡东南角。1999年，西藏博物馆正式对外开放，2009年免费对外开放。博物馆有三层，共八个展厅，分别展示了历史、民俗、工艺、自然等方面的展品。这个博物馆最大的特色就是藏式建筑风格与现代建筑风格的结合，既有白墙红砖的藏族结构，又有现代材料和构架的空间感。馆内的藏品十分丰富，称得上是一部"西藏简史"，这里有昌都出土的石斧、石凿，也有新石器时代的各种陶器，还有吐蕃时期的贝叶经，明朝时期的瓷瓶，清朝时期的印章和金册，以及各种唐卡、法器、乐器，等等。

在馆内的众多藏品中，有一件"统领释教大元国师青玉印"。这枚印为青玉质地，印背雕刻有一对卧龙，红色丝绶带略有磨损。印文为八思巴文，意为"统领释教大元国师"。由此可知，这枚印是在忽必烈定国号为大元之后所封授。元代印章不止这一枚，还有桑结贝帝师印、灌顶国师之印，等等。按照元代的官印制度，一品衙门，用三台金印；二品、三品，用二台银印；其他品阶则用铜印。印文都为八思巴文。八思巴文就是元朝帝师八思巴所创制的蒙古文字。就印章的质地而言，元代的官印有玉印、金印、铜印、木印等。

"印材以玉为最，元代使用玉印的也是品级最高的人物。'至元元年（1264）七月，定御宝制：凡宣命，一品二品用玉，三品至五品用金。'可见玉印的品级在金印之上……在元朝中央的大力支持和扶植下，萨迦政权从八思巴起，至达文·追坚赞止，共传六世，掌管西藏地方政权达八十九年（1265～1354）。除八思巴以帝师领总制院事、身居中央要职，其家属中有不少人都受到元朝的勒封，并有数人与皇室通婚，从而掌握着西藏地方的政教实权。这些印章对于研究元朝对西藏施行的政策、行政建置、职官制度、汉藏关系，以及当时的雕刻、铸造工艺等，都提供了极为珍贵的实物材料，具有重要的历史和艺术价值。"①

一枚小小的印章背后，是千百年的历史，虽已成过往，却给了我们一双穿越时空的眼睛。透过这些印章，我们的目光看到西藏的深处，那里正在上演的，是一段元朝的历史。

2. 雪域长歌：西藏正式并入中国版图

西藏的吐蕃政权，在经历了内部矛盾和外部战争后，逐渐崩溃。之后，吐蕃政权四分五裂，西藏迎来了混战和割据时期。

12世纪末13世纪初，中国的历史舞台出现了一个新角色——元朝。13世纪初，蒙古族首领成吉思汗不仅统一了蒙古各部族，还建立了一个中国各

---

① 程竹敏：《西藏文管会收藏的元代印章》，载于《文物》1985年第9期。

地区、各民族空前统一的新王朝。

　　1247年，西藏宗教界领袖萨迦班智达贡嘎坚赞与蒙古议定了西藏归顺的条件。萨迦班智达贡嘎坚赞是一个很有政治抱负的宗教领袖，他对佛法和政务都十分有见解，追随的弟子众多。后来，他的侄子八思巴继承了他的衣钵后，成为元朝的第一位帝师。最终，元朝的时候，西藏正式并入中国的版图，成为中国中央政府直接治理下的一个行政区域。

　　当时，萨迦班智达与蒙古议定的归顺条件包括呈现图册，纳贡，承认是蒙古汗国的国民，接受中央政府派遣的官员进行统一管理。同时，蒙古汗国则维持各地僧俗首领原有的地位和职权，并委派相应官职。正是因为萨迦班智达对形势的认知，以及对政治的敏感，才使得蒙古汗国统一西藏的过程没有过多血腥的镇压和铁蹄的践踏，反而相对和平地完成了这一历史进程。无论是对西藏的统治阶级，还是底层的农牧民来说，相对温和的权力交接，无疑缓和了他们对妻离子散、兵戎相见的阴影。毕竟，在政权割据时期，战争带来的皑皑白骨和凄厉哭声，还在耳边回荡。他们有着太多破碎的回忆和惨痛的教训。

　　萨迦班智达是第一个在蒙古宫廷中成功传播佛教，并受到蒙古皇室礼遇和信仰的藏传佛教领袖。1251年藏历十一月十四日，萨迦班智达去世。他将衣钵和法螺传给了自己的侄子八思巴，八思巴便成为萨迦派的第五任领袖。

那一年，八思巴才17岁，用今天的眼光来看，他应该还是一个未经世事的青涩少年。但是，他已经挑起了宗教和政务的重担。八思巴在此后的政治生涯中，与后来的元世祖忽必烈保持着亲密关系。这样的功绩，使得他未来获得尊贵地位成为必然。

1259年，忽必烈回到了燕京（今北京），八思巴也随后赶到。八思巴成为有文献记载的到达北京的藏传佛教第一人。

1260年，忽必烈继位，他在一场征战中取得了胜利，同年12月返京，就即刻给八思巴授印——"以梵僧八合思八（即八思巴）为帝师（应为国师），授玉印，统释教（即佛教）"。意思就是授予八思巴国师玉印，统领佛教事宜。后来，忽必烈在赐封八思巴弟弟恰那多吉为白兰王的时候，也赐予了金印。

1264年，忽必烈改年号为至元，并设置了掌管全国佛教事宜和吐蕃地区行政事宜的"总制院"，还任命八思巴为总制院事。

1270年，忽必烈正为第二年的新王朝做准备。忽必烈深知，硝烟和烽火并不为新王朝的百姓所期盼，他也并不想被认为是"异族"，他想要自己的王朝被四海之内的人民认可。所以，他任用儒士，参详汉法，宣传自己是中原历朝的正统。他要成为的是大元王朝的皇帝。1271年，大元王朝走进了中国的历史舞台。而忽必烈的好友兼导师，也被封为了地位尊崇的"帝师"。元朝统一西藏后，萨迦班智达和八思巴所属的藏传佛教的萨迦派，成为当地的政权掌控者。

而在蒙古和元朝时期，拉萨的情况也十分复杂。

吐蕃灭亡后，拉萨一带崛起了一股力量——蔡巴噶举。蔡巴噶举的崛起和其背后的噶氏家族分不开。十三世纪中叶，元朝划分卫藏十三万户，蔡巴被划为十三万户之一，蔡巴万户在拉萨的地位不容置疑，而他的存在对拉萨的文化和城市发展也起到了重要作用，比如，建立蔡巴寺、贡唐寺，长期管理和修葺大昭寺，同时也推动了当时的河道治理。

这一段段历史，是中国历史汪洋中的一次次波涛，曾经的腥风血雨和明争暗斗，都成为史书上寥寥几字背后的虚景。元朝皇帝设置了"宣政院"，直接管理西藏地区的军务，同时，在西藏地区还设立了隶属于宣政院的地方军政机构"宣慰使司都元帅府"。交通上更是建立了许多由西藏前往大都（今北京）的交通路线，沿途有若干驿站。于是，西藏的历史和文明终究正式地融入了华夏这片土地,成为我国不可分割的一部分。在这段历史里,忽必烈留在了史书上,随同他一起的,还有帝师八思巴的名字。如今,收藏在拉萨的元代八思巴文印章有很多,这说明了元朝之时授封的僧俗官员不在少数。

历史烟云之中,元朝已经远去,彼时的权臣也早已化作尘埃,但是,他们留下的痕迹,作为文物留在了拉萨,它们是见证者、记录者。我们来到拉萨,走过西藏博物馆,走过布达拉宫,走过罗布林卡,历史的涟漪荡漾在心头,我们也是见证者、记录者。

●清政府驻藏大臣衙门旧址:倾听历史的声音●

在八廓北街东北方向,有一座三层藏族样式楼房。楼房的大门,有一个金色的檐顶,下面蹲着两只石狮子,威严地注视着来往的人群。白墙黑窗,造型肃穆。大门的匾上写了九个字——"清政府驻藏大臣衙门"。

如今守护在清政府驻藏大臣衙门前的"朵森格石狮子",背后也藏着一个故事。

2017年3月23日,当时的城关区朵森格路1号(军区二所)院内正在施工,在施工过程中忽然发现了文物。随后,相关人员赶赴现场。经现场勘查,初步认定此次施工中挖出的是石狮"朵森格",就是清政府驻藏大臣衙门门口的石狮子。

"朵森格"在藏语中就是石狮的意思。石狮的出土明确了拉萨最后一处驻藏大臣衙门的确切位置。最终,石狮移交清政府驻藏大臣旧址陈列馆收藏。

今天,清政府驻藏大臣衙门旧址,已经被修复为历史陈列场所。这里的一桌一椅,都将开启我们穿越百年的记忆。

1.清政府驻藏大臣衙门的历史风云

关于驻藏大臣这个职务的设置时间,学界颇有争议。陈庆英、高淑芬主编的《西藏通史》一书认为,驻藏大臣的正式设立时间应该是1727年,也就是雍正五年。因为在此之前,清政府虽然也派遣了官员到西藏管理相关事宜,但只是为了处理突发事件,而不是有任期、有目的地驻留西藏,而且,当时配套驻藏大臣衙门的一系列制度还没有成熟。雍正五年(1727),清政府正式派遣驻藏大臣僧格、马喇，前往西藏进行管理事宜，行使国家主权。

最初，由于驻藏大臣制度的不完善，很多职位内容没办法确定下来，从而经历了调整和变动。比如，驻藏大臣的人数由最初的两人改为了一人，任职时间也从一开始的没有定数，逐渐形成了三年一换的定制。

驻藏大臣衙门驻地也因为西藏时局不稳定而几经变换。在这些变换之中，也有充满了硝烟和鲜血的时候。

初时，驻藏大臣衙门设立在拉萨中心大昭寺东北的通司岗（即今天的"冲赛康"）。1750年，西藏的珠尔默特那木札勒想要谋反叛乱，他的阴谋被当时的驻藏大臣傅清、拉布敦发现，两人将此事上报朝廷，但是，清政府给的回答却是"不可妄动"。两人在当地，判定时局不可再拖延，于是，不顾朝廷之命，将珠尔默特那木札勒诛杀。不过，两人也因此殉职，当时的驻藏大臣衙门也被叛将烧毁。后来，当地老百姓对两人十分感念，为了纪念二人，请朝廷立祠。于是，朝廷就在驻藏大臣衙门的旧址上建立了一间"双忠祠"，让西藏的老百姓纪念。驻藏大臣衙署被毁后，改迁新址"撒木珠康撒尔"（位于大昭寺以北，小昭寺西南）。后来其又迁到了扎什兵营（位于拉萨以北7里、大昭寺与色拉寺之间）前，此处也已不存遗址。

如今，我们在拉萨看到的驻藏大臣衙门旧址，是名叫"冲赛康扎康"的近300年古宅，也是第一座驻藏大臣衙门的所在地。修复后的清政府驻藏大臣衙门旧址，被设计成陈列馆，分为清政府驻藏大臣治藏事迹专题展、清政府驻藏大臣衙门旧址复原陈列展、清政府驻藏大臣诗词书画生活展、民国中央政府治藏事迹专题展、中国共产党治藏新纪元展等五大部分。

从历史来看，当时的驻藏大臣在西藏的地位等同于达赖喇嘛和班禅，对西藏地区具有绝对管理权力。政治上，有任命当地官员的行政人事权；西藏的外事交涉权也在驻藏大臣手中，统归中央；对西藏违法犯罪行为也有司法权。军事上，在当地设有正规军队，从西藏地区征兵，并由地方政府筹备军饷。经济上，驻藏大臣设有专门的银币铸造机构，当地的财政情况也要上报给驻藏大臣，依次报至中央政府。宗教上，西藏的宗教领袖认定也由驻藏大臣监督，并上报中央政府审批。

历史沧桑，曾有百位驻藏大臣，带着他们的殚精竭虑来到拉萨，为官一任，造福一方，于是，史书上也留下了他们的名字。

2."张大人花"开在拉萨

来到拉萨，便满眼都是五彩缤纷的颜色。白墙、红砖、黄色窗框、金顶、绛袍、绿松石、红珊瑚、银器……这些色彩聚集在一起，描绘着一个民族古老而精致的审美。在这些美好色彩的汇集中，鲜花也显得更加艳丽而多彩。拉萨的花，似乎又比其他地方多了一份生命力的劲头，那是一种朝着阳光生长的力量。

拉萨的角落里，最不缺的就是花朵。在窗台上，在门外，在街边，一丛丛，一簇簇，饱含着生机。这些花里，又有一种花张扬着身姿，遍地都是，那就是——格桑花。

在西藏，只要有人的地方，就有格桑花。格桑花已成为一种标志，看见遍地的它，恍若已经到了西藏，到了拉萨。在绿色的草地中，它们的花杆子又细又长，一朵又一朵的，就在阳光下盛开了。它们的美并不惊艳，但是，它们既有野性，又有力量，在日光城里展现着生机。花瓣的颜色也不独一样，有粉色的，有白色的，有黄色的……在绿叶的映衬下，格外娇艳，一大簇地聚集在一起，让人看了就心生欢喜。

格桑花是拉萨的市花，它在西藏的土地上，已经有百年历史了。它的学名叫作"波斯菊"，拉萨人也管它叫作"张大人花"。

"张大人"就是清朝后期的驻藏大臣张荫棠。据说，张荫棠来到西藏的时候，带了很多花的种子，但是，因为气候不服，大多数花都没有长成，而生命力顽强的格桑花，却在雪域高原开启了自己的成长之路。后世的人怎么会想到呢？点缀着西藏地区每一个角落的格桑花，成为拉萨标志之一的格桑花，竟然是一个中原人带去的。不过，当这种花开遍西藏的时候，老百姓们并不知道这种花的花名，由于是张荫棠带去的花种，大家便将它称为"张大人花"。

格桑花的盛开，成为西藏一抹惊艳的色彩，乃至于在此后的流光中，它也带着"张大人"的故事，走过了风风雨雨的百年时光。即便岁月匆匆，但是张荫棠的名字，却也像格桑花一样，成为当地老百姓不可磨灭的记忆。

清朝晚期，列强们开始在全世界掠夺资源，中国这个领土庞大的富足国家，便有了怀璧其罪的隐患。英帝国主义发动了侵略西藏的战争，西藏人民英勇地保卫领土，而最初想要妥协的清朝廷，也终究因为不平等条约而引起了朝野内外的强烈抗争。不仅如此，当时驻藏大臣的腐败问题也成为一座压在老百姓身上的大山。对外抵抗外敌，对内肃清贪腐，解决难题，迫在眉睫。

光绪三十一年（1905），张荫棠以参赞的身份陪同外务部侍郎唐绍仪前往印度加尔各答与英印协商修改《拉萨条约》。当时，英帝国主义的阴谋是想要通过否认我国对西藏地区的主权完整，分割中国领土，妄图吞并西藏地区。张荫棠看出了英帝国主义的狼子野心，直接向清政府提出整顿西藏事务、清除外国势力的意见，并表示了自己的决心。

于是，西藏地区迎来了一股清新的革新之风。张荫棠开始整顿吏治。当时，驻藏大臣有泰及一众官员买官卖官、鱼肉百姓、毫无作为、丧权辱国，这些人直接被革职查办。同时，张荫棠还提出了《治藏刍议十九条》，同年颁布《传谕善后问题二十四条》，涉及练兵、设官、办学、开矿等内容。同时，他还想要通过发行《训俗浅言》《藏俗改良》来改革藏族地区一些不合理的风俗习惯，等等。他所制定的这些基础章程，为后来新任驻藏大臣等人的实践提供了很好的基础和框架。

张荫棠的名字，终究留在了史书上，也终究留在了西藏人民的心中。

2013年，拉萨市政府对清政府驻藏大臣衙门陈列馆进行了为期数月的修缮，之后这里成了西藏爱国主义教育基地和民族团结教育基地，也成为一处中央治理西藏历史的展览地。百余位驻藏大臣在此留下了他们的姓名。

一位名叫拉姆的姑娘，在驻藏大臣姓名陈列墙前，已经站立了许久，她像在凝视，又像在思考。她不住在拉萨，是从日喀则赶来的。在看到"张荫棠"这个名字的时候，她尤为动容。拉姆说，她有一个老祖母，祖母不会说汉语，但是，"张大人花"这四个字，祖母却可以很流利地说出来。老祖母也想来这里看看，但是，祖母年纪已经很大了，经不起路途遥远的奔波，只能嘱咐拉姆，让她来看看"张大人"。老祖母不会说其他的大道理，只说了一句——"他是一个好官"。

走上三楼，映入眼帘的场景，让人恍若回到了百年前的时光。这里有公堂、议事厅，还有书房，完美复原了当年的摆设。当年，驻藏大臣联豫创办了西藏第一份报纸——《西藏白话报》。曾经的历史，以这种复原的方式，重新展现在今人的眼前。历史书上的文字，从白纸黑字中跳脱出来，化作了可以看见可以碰触的现场。人们来到这里，沉浸其中，便有了一种畅游历史的感受。

朝前走去，就是八廓街旧貌还原区。墙上贴着墙纸，描画着放着绸缎的架子和放着古玩器皿的博古架，另一侧墙上则画着藏毯，一尊清朝人打扮的蜡像正在那里，身前是一张桌子，桌上放着算盘，这便是当年的商人模样了。

再往前走，就是民国展厅。1912年，民国建立，清代驻藏大臣制度终结。同年7月，民国政府成立蒙藏事务局、蒙藏院、蒙藏委员会等民族事务机构，继续履行原驻藏大臣职能，维系了中央政府与西藏地方的领属关系。

历史的河流席卷着无数浪花，朝前奔涌而去。它不会等待任何人，只会冷静地往前走。正如西藏的历史，它走过了大唐的繁荣昌盛，走过了大元的疆域无边，走过了大清的强盛与衰落，走过了旧西藏的黑暗冬天，终于，走进了中华人民共和国。它依旧在历史中前行，走过了和平解放、平息叛乱、民主改革、自治区成立、改革开放，等等。拉萨的沧海桑田，诉说着数不尽的岁月变迁，藏族的老百姓们正走向一个更光明的美好未来。

第三章 雪域上，温暖的红色光芒

一轮红色的太阳，将暖阳洒遍了高原大地，驱散了旧西藏黑暗的迷雾，带来了新西藏的和平、民主、改革。和平解放西藏、西藏民主改革、拉萨烈士陵园的忠魂、谭冠三将军纪念园传递的老西藏精神……红日在，换人间。

为有牺牲多壮志，敢教日月换新天！

●蓝天下的西藏和平解放纪念碑●

在布达拉宫广场的南边，在蓝天、白云、青山、绿树的环绕下，一座纪念碑，矗立在拉萨的土地上，这个与天空最为接近的地方。这座纪念碑，纪念的是西藏一段改天换地的历史，犹如鼎立在天地之间的盘古大神，那段历史划开了新旧西藏的人间。于是，这里的山川，这里的湖海，这里的人群，走向了一个崭新的时代。头顶天，脚踏地，这座纪念碑仰视着拉萨的日月星辰。每天，这里都有一轮红日升起，人们开始忙碌而崭新的一日，当月色普照大地时，他们也可以幸福地安眠。

1.红日下，一座历史丰碑

这座由中国科学院院士、东南大学教授齐康设计的纪念碑，每一天，都仰视着红日，而拉萨的人们，则仰视着这座纪念新天地的石碑。这座纪念碑的造型是抽象化的珠穆朗玛峰，碑高37米，主体呈灰白色。纪念碑碑体的南面雕刻着铭文，前方设计有两组青铜浮雕，主题是翻身农奴得解放、解放军筑路赞等。碑身的最顶部有五星图案，仿佛一面五星红旗飘荡着，又仿佛一首慷慨激昂的国歌。一段反抗压迫的历史，一个追求新时代的历程，就铭刻在这座石碑上。

这座纪念碑就是西藏和平解放纪念碑。

2002年5月22日这一天，这座纪念碑在飘扬的彩旗和耀眼的阳光下落成。

西藏自治区党委、政府、解放西藏的老十八军，以及各族各界代表共2000多人参加了当天的揭幕仪式。那一年，是西藏和平解放50周年。

我们看向这座纪念碑，碑上的文字写下了历史，纪念碑铭文如下：

公元一九五一年五月二十三日，《中央人民政府和西藏地方政府关于和平解放西藏办法的协议》在北京签订。人民解放军进军西藏，驱逐帝国主义势力，西藏和平解放。从此，西藏进入从黑暗走向光明、从落后走向进步、从贫穷走向富裕、从专制走向民主、从封建走向开放的新时代。

一九五九年，西藏平息叛乱，实行民主改革，废除政教合一的封建农奴制度，百万农奴翻身解放，当家作主。一九六五年，成立西藏自治区，实现民族区域自治，走上社会主义道路。改革开放后，经济快速发展，文化日益繁荣，社会祥和进步，人民安居乐业。

值西藏和平解放五十周年，谨立此碑，以志先烈，永昭后世。

西藏自治区人民政府
公元二〇〇一年七月十八日

寥寥数语，却充满了跨越时代奋斗的力量。我们回首中国历史的长河，那里有波澜壮阔的中华文明，有鹰击长空的华夏民族的骄傲，同时，也有不堪回首的血泪往事。

2. 石碑背后的历史

鸦片战争后，帝国主义的魔爪伸向了我国西藏，再加上国民党政府的腐败无能，藏族内部发生了分裂。1911年，辛亥革命爆发，革命之火在中国大地燃起，统治了中国两千多年的封建帝制灭亡。彼时，帝国主义千方百计唆使达赖喇嘛，想趁国内革命动荡的关头，将西藏从中国分割出去。1913年，在印度西姆拉举行的西姆拉会议中提出的六项无理要求，更体现了英帝国主义干涉中国内政、企图分裂中国的狼子野心。1914年，当时的英印政府外务大臣麦克马洪，背着中国中央政府，与当时西藏地方代表夏扎做了一项肮脏交易——为了逼迫中国同意"西藏独立"，计划将中印边界的9万平方公里中国领土分割给英国。这就是臭名昭著的"麦克马洪线"。之后，西藏内部的各种势力越来越错综复杂。1947年，印度新德里召开了泛亚洲会议，竟然将藏族的"雪

山狮子旗"作为"国旗"悬挂在主席台,更将西藏作为一个"国家"邀请参会,因为中央政府和全国人民的强烈抗议和抵制,这次无耻的阴谋活动才得以破产,这次事件导致了后来维护祖国统一的爱国主义者热振活佛的权力被夺取和人身被迫害。热振活佛被害后,热振寺和色拉寺的寺僧愤怒反抗,却惨遭失败,寺庙也被洗劫,历史名寺被毁。此后,分裂势力更是肆无忌惮。

那个时候的西藏,权力、资源、财富都集中在上层阶级,他们极力地压榨和奴役农奴阶级,农奴主可以动用各种残酷的私刑,农奴们吃不饱穿不暖,没日没夜地劳作,被当作牲口一样买卖,根本没有任何人身自由。农奴主还巧立名目,以各种各样的名头收税。很多老百姓都活不下去了。那个时候的情况简直就是"山上有没主的野兽,山下没有没主的人"。

1949年10月1日,一位伟人在天安门城楼喊出了一声震天动地的宣言——"中华人民共和国中央人民政府今天成立了"。毛泽东主席的这句话,宣告了中华人民共和国开始走向独立自主、重回世界之巅的征途。此时,《人民日报》发表了一篇名为《中国人民一定要解放西藏》的社论。当时,中央人民政府不但通过电台宣传党的宗教信仰自由、民族平等团结的主张,此后还派了西康的格达活佛前往西藏进行劝说。但是，格达活佛抵达昌都之后，却被扣留在当地，最后突然去世。爱国主义者格达活佛的去世，是和平解放西藏的一个令人悲痛的序曲，也更加暴露了西藏分裂势力负隅顽抗的惶恐。

1950年10月7日，人民解放军进军昌都。15日，人民解放军彻底解放昌都。当时，一部分分裂势力还寄希望于"达赖喇嘛"，想让他流亡国外，继续争取"西藏独立"。而当时更多人的心声还是希望通过与中央人民政府谈判，实现西藏的和平解放。当时西藏的谈判代表团，以阿沛·阿旺晋美为团长，其余成员有土登丹达、桑颇·丹增顿珠、凯墨·索朗旺堆、土登列门等人。中央人民政府的谈判代表团，则以李维汉为团长，其他成员包括张经武、张国华、孙志远等人。

1951年4月29日，中央人民政府和西藏地方政府进行和谈，气氛和谐友好。5月23日，正式举行签署《关于和平解放西藏办法的协议》（简称"十七条协议"）的仪式。"十七条协议"明确规定了中央人民政府和西藏地方政府之间的各种关系准则，处理了主要的历史遗留问题。帝国主义在西藏企图切割中国领土的无耻阴谋宣告破产。

西藏，在历经了内外部分裂势力、内部农奴主压迫的黑暗之后，终于迎来了光明。红色的太阳，在西藏的天空升起。在西藏每一个角落矗立的五星红旗，俨然一位可爱的家人和勇敢的战士，呐喊着维护祖国统一的决心，也迎接着一个新时代的到来。

半个世纪后的2002年，西藏和平解放纪念碑安静地拥抱着拉萨的老百姓和游客。到了如今，西藏和平解放纪念碑也已经守护拉萨将近二十年了。我们来到它的面前，透过镌刻在石碑上的文字和岁月的痕迹，也能回首当年那段风起云涌的历史，也更能让人铭记——西藏如今的和平美好、幸福安康并非理所当然，而是无数维护祖国统一的爱国主义者的牺牲和努力换来的。

拉萨的春风，会去很多地方，它吹向大昭寺、小昭寺的桑烟炉，它拂过布达拉宫的千年壁画，它行走在充满商业气息的八廓街，它唤醒了关帝拉康的桃花夭夭，它吹开了秀色才纳的玫瑰花，它拨动着纳木错上的层层涟漪，它聆听着罗布林卡的鸟鸣，它陪着宗角禄康的老百姓一起跳起"锅庄舞"……

1951年，在西藏，太阳出来了，春天也来了。

●朗孜厦：旧西藏的人间地狱●

八廓街上的人群熙熙攘攘，带着一些平和的小小热闹。老百姓吃饱喝足，或去公园走走，或找个地方晒太阳。放学的孩子们嘻嘻哈哈地从这里笑闹着走过。游客们挑着自己心仪的特产，打算带回家去。空气里有各种香气，食物的，熏香的，让人闻了也能沉静下来。这些人，或许正从朗孜厦门外走过，那个朝里望去黑洞洞的地方，似乎并不能阻止他们这一天的快活。因为这些人知道，如今的朗孜厦只是一个陈列馆，它再也不能像旧西藏时那样，张着它的血盆大口，吞噬一个又一个生命。

1.旧西藏的噩梦

出生于1927年的扎西罗布老人，因为高寿，备受众人羡慕。他住在190平的安居房里，有养老金，有补贴，有医疗保险，家里有充足的粮食，也有大片的土地和许多牲口。他总是感慨，如今的生活太好太好了。

年轻的时候，扎西罗布老人曾在阿扎庄园做差巴。差巴可以理解成农民，阿扎庄园则是旧西藏章达宗辖区内的七大庄园之一。那个时候，差巴们既要种地，又要喂养牲口，还要上缴赋税。他们住的是茅棚，根本避不了风雨，天热了，防不住蚊虫叮咬，天冷了，也扛不住寒风侵袭。他们没日没夜地干活，却也吃不上几顿饱饭。家里面好不容易攒下来的口粮，最后都要被迫用于缴税。

他们要向阿扎庄园缴税，向寺庙缴税，向拉萨的"雪巴列空"缴税……种地要缴税，养牲口要缴税，生孩子也要缴税……老百姓心里有怨，又不敢明目张胆地宣扬出来，只能私下里骂几句"赋税比水中的波纹还多，比天上的星星还多"。

扎西罗布老人说，他曾经见过缴不上税款的差巴，被人吊起来打，有些缴不上税的人实在怕了，为了不被鞭打，只能举家逃亡。

老百姓心里苦，但是，又有什么办法呢？谁能救他们呢？谁能帮他们呢？拯救他们的人终于来了。扎西罗布老人说，他从来不曾忘记那一天，因为那个时候，他从来不曾想过自己会脱离那样惨无人道的生活。那天，他要去拉萨，赶着上缴柴火税，就在那条路上，他遇见了"金珠玛米"，①他们告诉扎西罗布，他可以不用去缴税了，让他回家去。他十分困惑，不敢相信。后来，解放军制伏了庄园管家，还给老百姓们分了田地、牲口和房子。大家都目瞪口呆，因为很多人从来没有想过会有这一天的到来。

当年，统治阶级的地方政府、贵族、僧侣上层被称为"三大领主"。在旧西藏，农奴完全依附在土地上，人身受到三大领主的绝对支配。西藏那么多农奴只能熬着过日子。他们见过太多可怕而残忍的事情了。西藏的监狱里，关押过很多无辜的人，他们不是真的犯下了十恶不赦的罪过，而是没有多余的钱供养上层阶级。那么多的寺庙里还有贵族家中都有私牢，他们不用经过法律，可以凭借自己的喜好来处置农奴，给被判定"有罪的"农奴带上镣铐和枷锁，甚至是对农奴施加残酷的刑法。

2.黑暗朗孜厦

在旧西藏，太阳是冷的，暖不到最底层人的心；风是咸的，因为弥漫了太多血和泪。

拉萨大昭寺北面的"朗孜厦"，一个被称作"人间地狱"的地方，那里曾是拉萨的行政机关，主管收税和司法。

这个地方曾有很多"犯人"来过，他们或因为生活所迫而去偷窃，或因为缴不起赋税而被逮捕……他们在这里备受摧残。而且，这里常借实施酷刑和屠杀之机，为噶厦地方政府和寺庙的上层人士提供祭品。

朗孜厦的监狱楼里一片昏暗，清冷阴森，很难看到阳光。人走进去，身上就带上了寒意。曾经被关押在这里的人，吃的是最差的食物，喝的是天上落下来的雨水。这里的刑具成排放着，密密麻麻。而行刑人使用的刑法，同样也让人痛不欲生。

朗孜厦的二楼是牢房，监狱的木柱子上有用牙齿啃咬过的痕迹，或许是因为饥饿所致，或许是因为病痛所致。享受着现代生活的我们，无法想象那是怎样惨不忍睹的一个个故事。每间牢房只有一个很小的窗户，看不见风景，也很难照进阳光。一如关在黑暗中的人，根本看不到希望。

但是，黑暗过后终将迎来光明。1959年，西藏民主改革，朗孜厦的监狱职能也走到了尽头。

---

①金珠玛米：指的是当时解放西藏的解放军。

3.民主改革,换了人间

朗孜厦,这个代表旧西藏剥削压迫人民的罪恶之地,是一面旧西藏残忍黑暗的镜子。在旧西藏,人口下降,已然不足100万,平均寿命只有35.5岁,大部分人根本没有受教育的权利,文盲率为95%。农奴超过旧西藏人口的90%,这部分人完全没有土地,受人支配,很多人被当作"会说话的牲口",毫无人权可言。1943年,大贵族车门·罗布旺杰卖掉了100名农奴,每个农奴才折合4块银圆,还送了400个农奴给功德林寺,以抵消自己1000块银圆的债务。

农奴辛勤劳作,却根本养不活自己,只能借债。但是,当时向寺庙借钱的利率是30%,借粮的利率是20%或者25%;向贵族借钱的利率是20%,借粮的利率是20%或者25%。高利贷利滚利,一个人死了都还不完,这个债务就压在了他的子孙身上,甚至还会带累借债时候的担保人。墨竹工卡曾有一名叫次仁贡布的农奴,他的祖父向寺庙借了50克(1克约为14公斤)粮食,后来,从祖父、父亲到次仁贡布,三代人,77年还了3000多克,然而寺庙还声称他欠粮10万克。

1951年,和平解放西藏时,签订的"十七条协议"中规定:"有关西藏的各项改革事宜,中央不加强迫。西藏地方政府应自动进行改革,人民提出改革要求时,得采取与西藏领导人员协商的方法解决之。"但是,当时的西藏统治集团反对改革,顽固坚持"长期不改,永远不改",为了自己的最大利益,根本不在乎90%的人民的生存需求和人权自由。

1959年3月10日,在帝国主义的阴谋支持下,西藏地方统治集团发动全面武装叛乱,再次露出了帝国主义想从中国将西藏分裂出去的无耻野心。国务院宣布即刻解散原西藏地方政府,由西藏自治区筹委会行使地方职权。叛乱平息后,中国共产党在西藏实行民主改革,彻底废除了政教合一、贵族喇嘛僧侣专权的封建农奴制。此后,百万农奴得翻身,实现人民当家做主。

2019年,是西藏民主改革60周年。短短60年,对于历史长河,不过过隙白驹,却让西藏实现从封建农奴制社会进入人民民主的社会主义社会的历史跨越。

民主改革以来,西藏粮食产量由1959年的18.29万吨增长到2018年的104万吨,肉奶和蔬菜产量分别达到84万吨和90多万吨,饮食的质量、营养不断改善;人均寿命也已经提高到68.2岁;截至2018年,西藏各级各类学

校达2000多所，在校生60万多人，青壮年文盲率下降到0.52%，劳动力人口受教育平均年限达8.6年；西藏公路通车总里程达9.74万公里，机动车保有量50多万辆；电话用户总数达到372.5万户，其中移动电话用户达312.3万；2018年，西藏城乡居民人均可支配收入分别达到33797元和11450元，同比增长10.2%和10.8%。西藏目前有370.7万人次参加各类社会保险，城镇职工、居民参保率达95%；有意愿五保对象集中供养率和孤儿集中收养率均达到100%。2006年启动的农牧民安居工程，完成投资278亿元，让230万农牧民圆了"新房梦"。

旧西藏从来不是"人间仙境"，"人间仙境"是新西藏造就的"人间奇迹"。

1996年，朗孜厦被列为西藏自治区级文物保护单位。

2002年，朗孜厦陈列馆成立，同年被列为拉萨市爱国主义教育基地。

如今，朗孜厦里已经没有了被关押的"囚犯"，那些曾经沾满了血肉的刑具，静默地待在那里，成为那段黑暗岁月的见证。人们来这里参观，被这段黑暗的历史震撼，那些残害老百姓的东西，就摆放在那里，就写在历史里，接受着人们无声的批判。来朗孜厦参观的人群中，有一位边巴老人，他说了一句话，让人很有感触，"了解旧社会的苦，才懂新生活的甜！"说出这句话的老人，已经退休十几年了，领着退休金，过着安闲日子，一家人生活自在。

对于拉萨的朗孜厦，或陌生，或熟悉，或仅仅把它当作一个旅游景点，或仍旧保留有痛苦的旧西藏的记忆。但是，拉萨的老百姓，却不再畏惧那个曾经吃人的魔窟，因为，他们知道，阳光早已经普照大地。

● 雪域埋忠骨 ●

"清明时节雨纷纷，路上行人欲断魂。"

清明节到来的时候，万物朗润，正是欣欣向荣的美好时节。不过，却总有几分愁绪会在这个时节生发。

1. 拉萨烈士陵园的追思

拉萨西郊的烈士陵园里，有一个个长眠于此的忠魂，一块块墓碑记录着他们的名姓，埋葬着关于他们的故事和人生。和平解放西藏，建设川藏公路和青藏公路，平息叛乱，执行维护社会稳定任务，他们将自己的青春和年轻的生命，都奉献给了这片土地。或许他们曾是战友，如今他们的墓碑依旧守护着拉萨一方。

已经90高龄的次仁卓玛老人，一如往年一样，在清明节这天，来到拉萨烈士陵园祭奠自己的丈夫。她的丈夫叫作黄自忠，1955年来到西藏做建设。从来到西藏之后，她的丈夫就再也没有回过家乡。他在这里遇见了次仁卓玛，一个外地来的小伙子，一个当地的藏族姑娘，他们的爱情故事在此结出了果实。从此，次仁卓玛的生命中，多了一个勇敢的战士；黄自忠的人生里，在拉萨也有了家。现在的次仁卓玛老人，讲着一口流利的汉语。她带着全家老小来看她家的"老黄"，或许，她会告诉他，现在的拉萨很好，她也很好，大家都好。

烈士陵园里，像"老黄"一样的英灵，还有一千多名。他们都是为西藏社会主义革命和建设事业而英勇牺牲的人。他们都是平凡而伟大的信仰者，他们最大的信仰，就是想要看到一个越来越好的西藏。

央珍，作为一名母亲，她的眼神温柔又悲伤。她站在儿子旦增阿旺的墓碑前，把所有的眼泪和思念都藏进了那片埋葬儿子的土地。旦增阿旺在2007年6月入伍，他像所有有朝气的小伙子一样，带着保家卫国的梦想进入了部队。他要保卫自己的国家，如同保护自己的母亲一样。这位西藏公安边防总队吉隆边检站的中尉,在2009年9月19日执行任务的过程中,因保护群众而坠崖牺牲。央珍看着儿子的墓碑,依旧会想起他小时候的模样,他有孩子天然的朝气蓬勃,也乐于助人,十分善良。作为一个母亲,对于逝去的儿子,她每每想起就会心痛。但是,作为一个战士的母亲,她的儿子是她毕生的荣耀。

烈士陵园里,长眠于此的人,有其他民族的人,也有藏族人。每逢祭奠的日子,来这里的人,或是亲朋,或是敬仰者,不分民族,大家只是来这里祭拜英雄。

在拉萨烈士陵园大门旁,立着一幅黑字对联——为有牺牲多壮志,敢教日月换新天。这是毛主席的诗句,也是埋于此处的英雄的人生之诗。他们在波澜壮阔的历史中,留下了姓名。再往里走,有一座刻着汉藏文字的纪念碑,上面写着"革命烈士永垂不朽"。

那里有许多墓碑,长长的牺牲名单中,既有老革命先烈,也有年轻的战士,还有无名英雄。

许多年前,有人曾经问过藏族守墓人的孩子,为什么这些人会埋在这里。当时,那个刚上初一的孩子说,因为墓碑上有红五角星的,都是好人。

2.谭冠三将军纪念园,曾记当年十八军

拉萨烈士陵园的风里,带着敬拜和缅怀,这阵风也同样吹去了拉萨的八一路,那里坐落着一座谭冠三将军纪念园。

谭冠三将军是和平解放西藏时进军西藏的中国人民解放军第二野战军第十八军政委,也是第一位长眠在西藏的共和国开国将军。

纪念园有谭冠三将军墓、陈列室、将军亭等,陈列室分为上下两层,有400多件反映谭冠三事迹的珍贵图片、实物、雕塑等,包括"从参加革命到解放西南、和平解放西藏时期、在执行协议的八年岁月、果敢指挥拉萨市区平叛和参加民主改革,北京岁月、重返西藏,永不褪色的老西藏精神",看着这些反映时代的物件,仿佛回到了那个充满"老西藏精神"的岁月,感受到了那些英勇的十八战士们"特别能吃苦、特别能战斗、特别能忍耐、特别能团结、特别能奉献"的精神。

时光仿佛回到了1954年12月25日那一天,川藏公路通车。在那样高寒的环境和复杂的地貌中,一条生命线一样的运输通道通车了。这条公路翻山越岭,无惧山高水长,即便人迹罕至的地方,也有了路。那么多的天险,竟然就靠着人力，用简陋的工具，开天辟地。对于中国人来说，创造新世界的盘古，从来就是我们自己。这条路，2255公里，3000多名十八军战士长眠于此，每公里，都驻守着一位战士的英魂。

再到西郊的八一农场。那里曾经一片荒芜，满目都是沙土和荆棘。依旧是我们的十八军战士，一铁锹一铁锹地挖土铲石，用愚公移山的坚韧，将布达拉宫前的"垃圾山"搬到开垦的地里作肥。撒下种子，悉心种植，这才有了后来萝卜、白菜等各种蔬菜的丰收。

中国的神话中，有盘古大神；中国的故事里，有愚公移山。从祖国其他地方来的人也好，本地的藏族人也罢，或许每个中国人的骨子里都已经镌刻下了这种不怕牺牲、坚忍不拔的基因，即便是在苦寒之地，即便是在高原之上，依旧践行着"天行健，君子以自强不息"的精神。这也是华夏民族能够自立于世界之巅的骄傲和力量。

所以，我们邂逅拉萨，看到那里的寺庙香火，看到那里的小城故事，看到那里的民居建筑，看到那里的山河湖海，看到那里曾经历过的黑暗和悲伤，看到那里也普照了红色的暖阳，便看到了拉萨绵长悠远的历史，便看到了汉藏文化的交融，便看到了各族人民在此地携手共进，便看到了新时代中一个现代化的拉萨。

有一首歌，曾经飘荡在华夏的土地上，大家埋头苦干，只为了更加美好的明天。

"花篮的花儿香，
听我来唱一唱，唱一呀唱。
来到了南泥湾，南泥湾好地方，好地呀方。
好地方来好风光，好地方来好风光。
到处是庄稼，遍地是牛羊。
当年的南泥湾，到处呀是荒山，没呀人烟。
……
如今的南泥湾，与往年不一般。
再不是旧模样，是陕北的好江南。"

如今的拉萨，也不再是旧模样，是西藏的好江南。

第二篇
DI ER PIAN

古城温柔,且有力量

红山之上的布达拉宫，蕴含了多少人间至宝，那些手握重权的赞普和达赖喇嘛们，也曾在宫殿之中写下历史。山下的雪城，就是地方政权的一个小小天地，讲述着权力部门的运行。再有便是大昭寺和小昭寺，风云瑰丽的四大林，精巧的雪堆白，它们身后都有政治的影子。八廓街上充满了人间烟火，黄房子里停留过仓央嘉措，根敦群培大师的一生也留在了此地。

拉萨，多少权力和财富，都曾集中在此处。

如今，经幡与国旗在这里飘荡，各个民族的人民在这里共融相依，拉萨这座古城，手持民族文化这朵莲花，装饰着千百年的底蕴与风华，走向了愈发多元、宽容、丰满的现代社会。这是一座藏满了故事与珍宝的城市，古老而鲜活。

第一章　布达拉宫：天上的宫阙

布达拉宫，红山之上的至宝。这座宫殿里，蕴藏着多少历史，见证了多少赞普和达赖喇嘛的生平。这里也曾上演过风起云涌的权力争夺，也曾出现过缠绵悱恻的风花雪月。装点在这座宫殿里的一切，早已在岁月磨洗之中，成为拥有故事的珍宝。这里的壁画、唐卡、雪堆白，都在讲述那些远去却又永存的传说。

● 布达拉宫，雪山明珠 ●

雪在青藏高原落下，静寂无声。这些雪一片一片地累积在大地之上，直到覆盖了山川，覆盖了河流。西藏的雪，或许比别的地方更加寒冷和晶莹，它们一片片地堆叠，最后成为一道道冰川。雪花如同砖瓦，建筑成宏伟的风景。

高原之上，有这样一座壮观而神秘的建筑，它是在千百年前，由匠人们一砖一瓦打造。匠人们的人生和故事，已经没有人知道了。但是，他们建筑起来的宫殿却坐落在世界的高峰之上，看着沧海桑田，望着白云苍狗。河流的走势会变，山的名字会变，那些千百年前的人们早就已经消失，成为历史的尘埃。不变的，一直是那座宫殿。

它的名字就是——布达拉宫。

1. 布达拉宫，璀璨明珠

这座海拔最高、规模最大的宫殿式建筑群，傲然独立于青藏高原之上，成为西藏的骄傲，成为中国的骄傲。

布达拉宫，依靠红山而建，这座建立于公元7世纪，完成于17世纪的宫殿群，几乎全为石木结构，历经千年时光，依旧气势雄伟，金碧辉煌。"布

达拉"也被翻译为"普陀罗""普陀",这是梵语的音译,意思是佛教圣地。布达拉宫是宫堡式建筑群,主要建筑有中间的"红宫"、东边的"白宫"、西边的白色僧房,还包括山脚下碉堡式辅助用房"雪城"。

"在布达拉宫建筑中,红宫建筑具有浓厚的寺院建筑特色,楼顶由金光闪闪的金顶装饰,女儿墙部分由深红色的边玛墙和圆形铜雕装饰,墙角由铜雕狮子装饰。而白宫建筑就没有这些华丽的装饰……在布达拉宫建筑造型中,直线无疑是主流,是完成布达拉宫建筑的基本线条。然而那为数不多的几条曲线却突显了布达拉宫建筑极鲜明的个性特征,它以画龙点睛般的艺术效果烘托了布达拉宫建筑的美感。在红山顶上的布达拉宫建筑中有四座半圆形碉楼建筑,它们分别坐落在布达拉宫建筑东西两端和前后两处,正是这四座碉楼建筑,极大地升华了布达拉宫建筑的美感。从布达拉宫东西两端半圆形碉楼建筑衔接下来的布达拉宫城墙,把山上山下建筑连成一体,把布达拉宫建筑推向更加完美的艺术境地,赋予了这部无与伦比的建筑艺术作品雄伟、庄严、美丽的特质。"[1]

---

[1] 次仁多吉:《西藏民族文化漫笔》,拉萨:西藏人民出版社,2014年版,第123页。

布达拉宫既有藏族劳动人民的智慧，也倾注了汉族工匠的汗水。17世纪重修布达拉宫的时候，清朝的康熙皇帝就派了一百多名工匠前来相助，所以布达拉宫内的藻井、梁架之类几乎为中原风格。同时，建筑装饰还带有尼泊尔、印度的风格，像卧鹿等造型。这种汇聚众家所长的模式，成就了独一无二的藏族建筑艺术。

布达拉宫是吐蕃赞普松赞干布迁都拉萨后兴建的王宫，时称"红宫"。公元7世纪，松赞干布为了迎娶大唐的文成公主，对红宫进行了扩建。

唐太宗时期，当时的松赞干布十分钦慕大唐文化，于是，他便派使者拜访长安。大唐也派人进行了友好回访。吐蕃和中原的关系也愈发紧密。后来，松赞干布派人向大唐求亲，想要迎娶大唐公主。但是，大唐并没有即刻答应下来。吐蕃使者没有完成自己的任务，为了不受罚，便向松赞干布说了谎话，说本来皇帝陛下已经同意下嫁公主给松赞干布了，但是，吐谷浑也来求亲，不知道与皇帝陛下说了什么，就不同意将公主嫁入吐蕃了。

彼时，松赞干布有些气闷，再加上吐蕃和吐谷浑本来就有矛盾，于是，他决定出兵攻打吐谷浑。成功战胜吐谷浑后，吐蕃甚至对大唐也隐隐有威胁。后来，唐太宗派兵攻打吐蕃，吐蕃战败。虽然败在了大唐的手下，但是吐蕃对强者愈发敬佩，对大唐文明也愈发崇敬。如此，他更加坚定了向大唐学习并强化同大唐关系的决心。于是，他再次派人向大唐求亲，这次，他派遣的是自己的心腹禄东赞，朝见的礼物更加丰盛，包括各种珍宝以及黄金。

这回，松赞干布求来了一位温柔美丽的公主。她原本是江夏王李道宗的女儿，后来因和亲被封文成公主。有一段"五难婚使"的故事，说的就是禄东赞如何用自己的聪明才智，解出了大唐出的五个难题，并在一群求亲的使臣中脱颖而出，最终替松赞干布娶回公主的故事。这段故事也成为拉萨很多地方壁画、雕刻的题材。

松赞干布在得知自己能够迎娶公主之后，十分高兴，这意味着他终于成为大唐的"女婿"，吐蕃与大唐有了一份更紧密的联系。后来，江夏王李道宗护送文成公主的队伍前往吐蕃，在扎陵湖，松赞干布亲自迎接公主，并向李道宗行了"子婿之礼"。他还向众人宣布，"我的祖上并没有和上国通婚的人，现在我竟然求娶到了大唐公主，真是一件大幸事。我要为公主建筑宫殿，以向后世之人夸耀。"为了更加切合文成公主在大唐的生活习惯，这座宫殿既有藏族风格，也仿照了大唐建筑的样式，这就是布达拉宫的传说。

2.红宫白宫，美不胜收

布达拉宫的故事流传了下来，一如布达拉宫的美，蓝天、白墙、红砖、金顶……这些颜色融汇在一起，描摹出一幅神圣而安宁的画卷。

布达拉宫的主体构成就是红宫和白宫。红宫，位于布达拉宫的中央部分。金瓦屋顶、镏金宝幢、红色经幡等，仿佛在向世人诉说着久远而沧桑的故事。红宫主要是历代达赖喇嘛的灵塔殿和各类佛殿，共有8座存放各世达赖喇嘛法体的灵塔，他们分别是五世达赖喇嘛罗桑嘉措、七世达赖喇嘛噶桑嘉措、八世达赖喇嘛强白嘉措、九世达赖喇嘛隆朵嘉措、十世达赖喇嘛楚臣嘉措、十一世达赖喇嘛凯珠嘉措、十二世达赖喇嘛成烈嘉措、十三世达赖喇嘛土登嘉措，其中以五世达赖喇嘛灵塔为最大。灵塔，就是收藏和供奉大德法体或骨灰的佛塔。

至于布达拉宫为什么没有六世达赖喇嘛仓央嘉措的灵塔，就争议重重了。有一种说法是仓央嘉措在前往北京的途中决定放弃名利、浪迹天涯，最终在五台山去世，因为没有寻回仓央嘉措的遗体，自然就没有他的灵塔。

司西平措，是五世达赖喇嘛灵塔殿的享堂，也是布达拉宫最大的殿堂，内壁绘满了壁画。其中，最有名的就是五世达赖喇嘛去北京觐见清朝顺治皇帝的场景。殿内达赖喇嘛宝座上方悬挂着清朝乾隆皇帝御笔亲书的"涌莲初池"匾额。

和五世达赖喇嘛灵塔同样华贵的，还有十三世达赖喇嘛灵塔，虽然修建较晚，却很有价值。灵塔前供奉的珍珠塔，属于稀世之宝，由20万颗珍珠串缀而成。灵塔殿殿内的壁画展示了十三世达赖喇嘛一生的主要事迹，其中最显眼的就是他进京拜见慈禧太后和光绪皇帝的场景。

红宫主要是灵塔殿和佛堂，带着一些宗教的权威气韵。白宫，因白色的外墙而得名，这里是达赖喇嘛生活起居的地方，也是原西藏地方政府的办事机构，所以白宫的政治意味更明显一些。

白宫一共有七层。白宫的顶层是达赖喇嘛日常生活、办理事物的地方，因为屋顶是敞开的，常年有阳光普照，所以，这里也被叫作"日光殿"。日光殿又分为东日光殿和西日光殿。西日光殿主要是十三世达赖喇嘛的居所。

055

白宫最大的殿堂是东大殿。1653年，清朝的顺治皇帝御赐金册金印给五世达赖喇嘛，封其为"西天大善自在佛所领天下释教普通瓦赤喇怛喇达赖喇嘛"，从此以后，达赖喇嘛的册封都必须经由中央政府批准，并由驻藏大臣主持仪式。

红宫的宗教氛围，白宫的政治意味，成就了布达拉宫的独特风貌。布达拉宫，被西藏的人民镌刻在了历史中，也记在了心里。

3.宝瓶山下，看一场《文成公主》

在星光开始布满天空的时候，人声静谧，华灯初上，在与布达拉宫相对的宝瓶山下，便开始了一场梦回大唐。2019年，藏族文化大型史诗剧《文成公主》迎来了第七季演出，这已经是这部实景剧上演的第六个年头了。每年的4月底，《文成公主》实景剧都会如期上演，以恢宏的面貌展现在世人面前。每一次，都有很多来观看演出的人排队买票，这让4000人的剧场，座无虚席。

这个实景剧讲述了1300多年前，唐朝文成公主与吐蕃松赞干布和亲的故事。全剧一共有五幕，时长将近90分钟，表现了文成公主前往吐蕃途中的艰辛和她的经历。在这场实景剧中，时而出现金碧辉煌的大明宫，时而表现长安的繁盛，时而有文成公主思念故乡的乡愁，时而展现了禄东赞求娶公主的智慧和艰辛……整场史诗剧将人工舞台与自然山川巧妙地结合在一起，表演的内容既有大唐歌舞，也有西藏流传久远的藏舞、藏戏等，舞台上的很多元素都是西藏的非物质文化遗产代表性项目。同时，舞台场景的表现用到了十分现代化的手法，将戏剧、音乐、舞蹈和现代舞美融为一体。

800多名演职人员，其中95%为本地农牧民；3000多套的唐朝服饰和藏族服饰；上千的场景道具；千余场精彩演出；每一年的表演改进……都是这场史诗剧能够成功的基础。

在这场表演中，拉萨人民用现代的舞台技巧，传达了他们对文成公主的热爱和感谢，以及汉藏两族人民的情谊。

如第三幕《藏舞大美》中西藏民歌所唱："从汉族地区来的文成公主，带来了各种粮食3800种，给吐蕃粮库打下了坚实基础；从汉族地区来的文成公主，带来各种手艺的工匠5500人，给吐蕃工艺打开了发展的大门；从汉族地区来的文成公主，带来了各种牲畜5500种，使西藏的乳酪酥油年年丰收。"

　　这是一场大型史诗剧表演，却又不只是一场表演，因为它把表演融入了真正的拉萨的山水，拉萨河、宝瓶山、布达拉宫……这些都不是舞台上的布景，而是真正的实体风景，这样的设置，让观看的人们仿佛回到了千百年前，切身走进了那个被流传许久的故事，并感同身受地沉浸在那些传说之中。

　　而且，这场表演，不仅为观众带来了震撼，也为当地的经济带来了震撼。

　　自2013年首演以来，这部大型史诗剧演出已突破1000场，接待观众超过210万人次，累计收入7.7亿元，带动了大批农牧民实现就业增收。在这场剧中，九成的演员都是半路出家的农牧民，他们白天务农，晚上表演，月收入可以多出来三四千。老百姓富起来了，他们靠着自己的学习和努力，靠着民族文化，过上了更加富足的生活。村民尼玛卓玛看到今天的生活，就会下意识地对比过去，"大概七八年前，这个小山村还只是拉萨河南岸的小村落，那时候脚下的路是崎岖的、泥泞的，很多村民都有离开这个村子的打算"。

　　现在不一样了，当初的小村庄换了一副更有活力的面庞，道路四通八达，游客纷至沓来，周遭的精品店、唐卡店、文创产品，甚至房地产业都发展起来了，百姓的生活有了奔头。

仓廪足而知礼节。老百姓的生活好了，文化之花也就有了繁茂的希望。许多藏族的文化通过这样通俗易懂又充满美感的方式宣扬开来，卓舞、打阿嘎、藏戏、甲谐等十多种非物质文化遗产被有机融入表演之中。更多的年轻人，无论是本地人还是外地人，都通过这种震撼力极强的方式感受到了这种文化传播。同时，也有更多年轻人参与到了其中。

布达拉宫，以它美好而沧桑的面容融入了曾经的历史和现在的生活。人们看着布达拉宫的恢宏建筑，讲着关于布达拉宫的故事，演绎着布达拉宫的传说。这颗高原上的明珠，始终不曾蒙上时光的尘埃，反而在岁月的打磨中，更加熠熠生辉。

●雪城：布达拉宫脚下的"博物馆"●

在布达拉宫的下坡处，有一个城郭布局的组成部分，名为"雪城"。"雪"的意思是"下方"，指的是山上城堡下面的城镇。从这个描述来看，场景感很强。因为布达拉宫是依山而建，山上是红宫和白宫，山下就是雪城。红宫、白宫、雪城，是布达拉宫总体建筑群的有机组成部分。

布达拉宫的白墙，呼应着天上的白云，也不知道，是布达拉宫的白色飘向了天空，还是苍穹的云朵凝聚在了布达拉宫。而红色的墙壁，也呼应着周围连绵的山峰，仿佛红墙成为一座最高的峰顶，而周边的山也不过是蔓延开来的天然围栏。雪城，则静默地矗立在那里，观望着人群和车流。那里的马路宽阔而平整，不远几步便有一盏又一盏的路灯，照耀着回家的行人。

1.布达拉宫下的雪城

走过岁月匆匆，如今的雪城更像是一处回顾拉萨历史的所在，它像是一个退休的老人，不需要再去履行曾经的职责。这里曾经是一个集行政、司法、税收、铸币、监狱于一体的场所。公务人员进出这里，若干人忙碌的一生，便在此处展开。雪城里的人，也为当年的统治阶级提供生活服务。这里既居住过贵族、官员，也居住过服务这些人的底层阶级，如工匠、农奴。

因为雪城有这些职责，所以，很多功能性部署在这里比较齐全，生活场所有住宅区、奶制品作坊、酒店等，行政性质区域有印经院、印币厂、监狱等。

雪城内有两处印经院，分别是东印经院和西印经院。东印经院，是在五世达赖喇嘛时期修建的，是两层楼房的建筑格局。第一层是印经堂，这里曾进行过雕刻、印刷等繁忙作业。第二层则是相关人员的住所，包括孜仲和其他人，孜仲就是印经院主持。除了印经堂和住所，东印经院还有一处地方，就是位于东边的两间藏经库。在西北角，就是雪城的西印经院。这是一座五层高的楼房，由下往上依次是库房、藏经库、印经堂。

雪城东角楼还有一个"蕃东康"，原本是一个制香厂，专门制作供达赖喇嘛寝室所用的香。雪城西门外则有"雪堆白造像厂"，主要是负责金属铸造、木器车削等技艺工作，布达拉宫里的许多佛像工艺品都是由此而出。

雪城东北角，则是宝藏局造币厂。据记载，从松赞干布时期开始，西藏才真正开始使用货币，中原的白银也逐渐成为西藏的一种货币。元代的时候，白银、宝钞（元、明、清政府发行的纸币）、交钞（金朝、元朝发行的一种纸币）等都在西藏地区流通，西藏从此以后就开始遵守中央政府颁布的货币政策。清朝的时候，因为中央政府对西藏地区的掌控力度更强，所以乾隆皇帝下旨在西藏制定钱法、设立钱局，由驻藏大臣监督管理。这就是造币厂的成立历史。

百年前的雪城，来往着那么多的人，他们把自己的一生都交托在这里，有办公的官员，也有享乐的贵族，还有勤恳的劳动人民。我们不知道这里藏着多少人的悲欢离合。但我们知道这里曾是一座城市的运行心脏，拉萨许多高级的精英和顶级的匠人，都在这里上演过自己的故事。

2.恐怖的雪监狱

我们从布达拉宫走过，恢宏的建筑震撼着人心，这里蕴藏着美丽的故事，饱含历史的奇珍。但是，在雪城的角落里，却有一个充满了黑暗和血腥的地方。这里成为一个镇压人民的地方，各种剥削和残酷的刑法在这里出现。

雪巴列空是一栋三层楼房。起初，雪巴列空只负责雪城内外的治安问题，后来它管辖的范围越来越广，逐渐包括了拉萨和周边地区的治安和税收问题。这里的管理人员被称为"雪尼"。但是，这里所谓的"治安"，所要维持的只是权贵们的和平环境，而无关老百姓的切身利益。每一年，雪巴列空都会发布很多告示，有的是让老百姓缴足苛捐杂税的条款，有的则是一些犯人的判刑告示，为老百姓谋福利的几乎没有。

雪巴列空里堆满了粮食，这些粮食都是从拉萨附近搜刮的，或许这里就有附近农户一家人的口粮，他们被迫交了这些粮食，一家人的生活更显拮据。那时，雪巴列空里放满了酥油、青稞、小麦、糌粑、肉等。这些食物，自然都不是给"下等人"吃的，而是拿来供给上层阶级食用。

雪巴列空是一个压榨人民血汗的粮仓，也是一个压迫人民的残忍牢笼。

在雪巴列空，有一个叫作"雪监狱"的地方，这里是雪巴列空用来关押犯人的地方。拉萨有两个臭名昭著的监狱，一个是八廓街的朗孜厦，另一个就是雪巴列空的雪监狱。这里犹如人间炼狱一般，至今或许都飘荡着许多无辜之人的怨念。谁又能想到，在金碧辉煌的宫殿之下，还有这样一个见不到阳光的地方。

如果我们现在正站在雪监狱的门口，我们会看到一扇略带斑驳的黑色大门，旁边红色的指示牌上写着"雪监狱"三个大字，当我们走进去的时候，我们会看见一件又一件的刑具被放在木板上展示出来。那些刑具已经有些老旧，它们安静地摆放在那里，却给人一种不寒而栗的感觉。因为我们知道，这些都是真实的，那些刑具、刑罚带给人的伤害曾经真实存在过。这个监狱，是一个吃人的地方，吃掉了人的善良，也吃掉了人的性命。

据说犯人在入狱的时候要受一顿入狱鞭，受审的时候也得挨鞭子，出狱的时候还得挨一顿出狱鞭。雪监狱还有一处关押重犯的地方，被称为"蝎子洞"。蝎子洞，顾名思义，就是里面养了很多蝎子，遍布整个牢房，很多人就被关在这里，被蝎子活活蜇死。被关进去的人，承受的那种痛苦和凄惨的状况，我们可以想见。

根据旧西藏的《十三法典》《十六法典》，他们将人的性命分为三六九等，上层人士的命十分珍贵，等同于等身的黄金；下层人士的命就十分廉价甚至不值钱。尤其是农奴，价值连牲畜都比不上，不仅能被随意转让，甚至对农奴滥用私刑并不违法。这是一个视人命如草芥的地方。

所以，雪监狱必须开放，这里记录着历史，那些旧西藏惨无人道的历史。这些记忆，让更多生活在中华人民共和国的藏族老百姓倍感庆幸。中华人民共和国，新拉萨，让这个雪监狱成为过去，成为一个展厅，成为一个罪恶历史的记载。就像西藏大学政法学院次仁片多教授曾经说过的："雪监狱是旧西藏的一处保存较完整的监狱遗址，从这里可以看到旧西藏的一些残酷的刑具、刑罚，这是西藏司法制度的一个缩影。选择来这里进行参观，一是为了了解西藏的司法制度，同时也是让同学们看到旧西藏的黑暗，珍惜今天的幸福生活。"

布达拉宫下，雪城静默地矗立。它从岁月里走来，与我们擦肩而过，待所有的喧嚣都偃旗息鼓，它说，它只是一座无声的城，讲述着藏在岁月里的故事。

● 雪堆白的复兴梦 ●

八廓街的一条小巷子里，一阵"叮叮当当"的声响传了出来，声音不急促，反而有种配合十分默契的节奏感。寻声而去的话，就能看到一座藏式的院子里，十几个人各自有规律地雕刻敲打着，在他们的刻刀下，一块金属，逐渐有了更加艺术的面貌。他们正在雕刻一尊佛像。这个人负责雕刻头部，佛祖的微笑就逐渐显现了出来，犹如一朵隐匿在荷叶后的莲花；那个人负责雕刻手部，手上原本静态的姿势便展现出一种独特的仪式感……雕刻师傅们各司其职，共同打造着一尊充满诚意的造像。造像的一些部分是有模具的，但是，有些地方还是需要人工打造，那份细致和灵性，或许与这份人力脱不开关系。手艺高超的师傅，能将模具造出来的部位衔接地毫无缝隙，宛如天成。

这些师傅所在的地方正是拉萨市城关区古艺建筑美术公司，也就是原西藏古建队。他们的这项技艺也是在西藏传承了数百年的"雪堆白"。

1. 雪堆白：富丽堂皇的世界

17世纪，布达拉宫重建，拉萨因此创立了"雪堆白"，"雪堆白"的"雪"指的就是布达拉宫的雪城，"堆白"的意思是"能兴建一切享受物品者"。当时的雪堆白汇集了西藏顶级的手工艺者，所以，经他们的手打造和修复的东西都有极高的艺术价值。后来，雪堆白的管理业务逐渐扩大，成为能够管理西藏地区全部寺庙、宫殿营造和手工艺人的手工技艺机构，并被命名为"堆白勒空"。这也就意味着，雪堆白不仅仅是一个生产制造机构，还是一个具有管理职能的机构，当时无论是寺院还是贵族，想要制作或者修缮生活用品、佛像一类的东西，都要经过雪堆白的审批。

作为一个官办工厂，当时布达拉宫还有其他很多官方场所的东西都是由雪堆白所造，包括建筑物上的金顶、宝幢、佛塔、佛像、文房用品、茶器等。这些铸造匠人中，金银匠人、土木匠人的技艺十分高超。而且，本地匠人也不会排斥其他地方的好手艺人，当时，中原匠人、印度匠人、尼泊尔匠人都汇聚在这里，大家一起探讨，提高技艺。

雪堆白如同一个富丽堂皇的世界，我们仿佛能够通过这些作品，看见一个个雪堆白匠人的雕刻时光。

布达拉宫有一尊强巴佛鎏金铜像，就是其中的典型代表。这位强巴佛脚踩莲台，头戴五叶冠，冠上镶嵌着各种宝石。他脖子上戴着璎珞，身上披着天衣，两只手各持一枝莲花，莲枝上又分别引出宝瓶和法轮。整个造像庄严又华丽，佛像的神态祥和而悲悯。这就是拉萨人心中佛的样子，佛祖似乎没有悲喜，似乎又充满了人间的悲喜。

那些细致的纹路和优雅的造像，都不是一朝一夕的一蹴而就，而是长年累月的辛勤打磨。雪堆白的匠人，用一把刻刀，成就了穿越时光不朽的艺术成像。

2. 心魂匠人

雪堆白的匠人师傅们，曾在拉萨手工技艺最高的部门里发挥着自己的天赋，雕琢着物品的美感。岁月流逝，尘埃落定，雪堆白衰落式微，雪堆白匠人也逐渐流落民间。但是，历史的趣味之处，正在于它的似曾相识。

匠人们在数百年前因为重修布达拉宫而相聚雪堆白，今天，也是如此。古艺建筑美术公司的负责人拉巴次仁曾说："从20世纪80年代开始，国家投入巨资维修布达拉宫，已经分散在各地的雪堆白老艺人被重新集结，并成立了拉萨市城关区古艺建筑美术公司，开始对布达拉宫做新的修葺。"这些匠人师傅们不仅负责布达拉宫的修葺维护工作，同时还负责诸如大昭寺、小昭寺等地的维修工作。

旺堆师傅就是这些匠人队伍中的一员。他对自己的工作有十分深沉的爱意，毕竟这是一门"慢工出细活"的手艺。匠人需要把心沉下来，慢下来，感受自己手下的韵律，思考每一次雕刻要呈现的效果。一个工程，19个人的团队，即便是赶工加班，也得进行两年。

他们的心魂需要在时光中踱步，而他们的手脚却需要与时光赛跑。

旺堆师傅也带着几个徒弟，他有些忧心，因为年轻人毕竟容易浮躁。他也带着他们走出拉萨，读万卷书不如行万里路，徒弟们需要多听，也需要多看，看其他匠人的沉稳和精细，看其他雕刻艺术的唯美和灵性。但是，旺堆师傅难免有些失落，失落于他难得遇见几件惊艳的作品。他说："现在城市里大部分用的是模具浇灌的铸铜或镀金工艺品，但我们西藏的镏金铜饰则是用铜皮作为材料，敲打出物象的凸出形状，以此为基础，再通过仔细敲打雕刻并镏金之后，最终装饰成铜雕艺术品。"

在这个工业化的时代，有些匠人仍旧在用自己的双手和灵魂，去感知即将成为作品的原材料。他们的初衷不是为了极速而来的利润，而是为了心灵的传达。沉下心，去感知所爱，让手下的金属、土木，活起来。

正如《西藏艺术》雕刻卷的作者韩书力先生所赞扬的——"千百年来，西藏艺人表现佛地天国的虔诚与热情经久不衰，高明的作者在两度空间里驾轻就熟地运用形体的高度、轮廓、点面疏密等因素，以最简约的构成，最经济的笔法，收获丰满璀璨的艺术效果"。

3.新时代的雪堆白

今天，在西藏博物馆，在罗布林卡，一件件标有"雪堆白制造"的艺术品依然能够将我们带入彼时那段雪堆白珍品层出的辉煌时光。2005年，为了保护和传承藏族文化，"雪堆白"藏文化新品牌创立，这是一个产、学、研相结合的传统手工艺术教学基地。

2010年，雪堆白职业技能培训学校设立。学校开设的专业，涉及生活、艺术等很多方面，既有审美价值，又有实用价值，包括唐卡绘画、金属铸造雕塑、木雕、石刻、藏式家具、藏式陶艺、藏香制作、藏纸制作、服装编织、古籍复制、视觉传达、动漫等。

这所学校的成立，不仅是藏族文化在今天的传承，同时，也可以以文化为载体，推动就业创业。截至2019年，学校已经培养了600多名具有娴熟手工技艺的学员进入相关行业。这所学校还有一颗温暖的心，它也接收拉萨周边的残疾儿童、孤儿等，这样，也能让这些弱势群体有自力更生的资本，让他们不再需要仰人鼻息地接受施舍，而是通过自己勤劳的双手，创造美好的明天和富足的未来。从学校里出来的学员,或许又会成为"雪堆白"品牌的宣传者。雪堆白文化如此便能形成一种良性循环。这样,雪堆白工艺也能够以更加有活力的方式,进入人们的视野和生活。

雪堆白,因为匠人们的心魂和新时代的传承,将迎来它明媚的春天。

●一座红山上的文物宝库●

2009年8月,布达拉宫雪城里的珍宝馆正式开放。2019年3月28日,是西藏民主改革60年的纪念日,西藏自治区文物局在布达拉宫珍宝馆推出《历史的见证》精品文物展,87件珍贵文物亮相。这87件文物不仅能让观众一窥西藏历史文化发展的脉络,同时也表现出西藏地区自古以来与祖国的血浓于水。这次展览分为四个部分,分别是"治藏安边""汉地风华""雪域遗珍""交相辉映"。很多展品甚至是第一次出现,其中,有中央政府封授的金印、金册、玉印、玉册,直接说明了历代以来中央政府对西藏地方主权进行管辖的史实。同时,展览上还展示了一些精美的唐卡。

我们在宝物中窥见历史,也在历史中窥见宝物。

1.壁画、唐卡:定格的历史

布达拉宫有珍宝馆,同时,布达拉宫本身也是一座红山之上的珍宝馆。从宫殿内陈列的艺术品到布达拉宫建筑本身,都是无价之宝。其中,遍布在布达拉宫各个地方的壁画,在珍宝之中也独有一份鲜活感。

布达拉宫的壁画如同一本生动的绘本,记录着千百年来拉萨人民的生活。布达拉宫的壁画虽然有佛教意味,却又不限于此。它表现了更多生活百态的内容,让那些曾经鲜活的人和事物,以这种生动而传神的笔触,活到了千百年以后的今天。

这里有许多故事,佛经故事、历史故事、生活琐事、娱乐运动等。从这些故事里,我们看到了不曾经历过的历史,那些已经如风般消散的往事,就这样烙印在墙壁之上。

白宫门廊的北边墙壁,就画着历史上十分有名的"文成公主入藏"的故事。它如同画卷一样,将整个故事的脉络都梳理了出来。"使唐求婚"——

这是松赞干布派遣使者前往大唐，求娶公主；"五难婚使"——这是大唐给求娶公主的使者出的五次难题，使者都一一化解；"长安送别"——这是文成公主远离故乡，即将前往吐蕃，依依离别之情油然而生；"公主进藏"——这是文成公主来到吐蕃，成为和平大使的开始。这些画面生动而详细地记录了松赞干布求娶文成公主的历史，那一年，是贞观十五年（641），大唐和吐蕃谱写了一曲和平和繁荣的歌曲，两地的人民也有了更深厚的血脉联系。

布达拉宫的壁画，细节精美、色彩丰富、场面恢宏、人物众多，构图让观者能够感受到那种扑面而来的气势。历史事件和宗教题材在壁画之中不在少数，但是，充满了生活气息又能引发共鸣的，还是那些充满了生活情趣的壁画，那些描述普通劳动人民喜怒哀乐的画面。比如，有些场景是直接描绘搬运石块和巨木的匠人，只见他们背着沉重的原石或者木头，朝着山上一步一步地走去，每一个步伐都显得艰难而吃力，这既是很现实的生活场景的再现，也表现了底层人民的生活不易。劳作之外，人民还需要娱乐身心。我们劳作，是为了生存。我们娱乐，是为了生活。古时候的藏族人民就有丰富的娱乐方式，游泳、舞蹈、音乐、狩猎、骑射、角力。

布达拉宫的壁画，在绘画技法之上有学习中原地区的一面，比如，从画面的布局来看，有些壁画采用了我国传统绘画的"散点透视"。透视法是绘画的一种方法,也就是在平面上表现出立体感和空间感。西方常用的普通透视法是站在一个立足点上将画面呈现出来。而中国传统绘画中的"散点透视",则是站在不同的立足点上进行物体呈现,不受空间限制。白宫西日光殿的福足欲聚宫的"五世达赖喇嘛业迹图"就是采用了这种绘画方式,天上的云朵、地上的山峦和树木,都有相互独立的视角,又有机地统一为一个整体。在技巧上,布达拉宫的壁画匠人不仅吸纳了中原风格,还消化了印度、尼泊尔的绘画方式,形成了自己独特的画面感。

拉萨的壁画,不仅色彩丰富,且保存时间长久。因为壁画使用的材料不是普通颜料,而是矿物质颜料。比如,红色的是红珊瑚、玛瑙,绿色的是孔雀石等等。于是,大地之上产出的五彩缤纷的石之精华,被千百次地研磨之后,成为见证历史的印记,幻化出无与伦比的色彩,绽放在布达拉宫的墙壁之上。

除了壁画,布达拉宫里的唐卡也十分珍贵。唐卡是藏族人民的一种独特的绘画艺术形式,是用彩缎装裱而成的卷轴画,题材丰富多样,色彩鲜明,是藏族文化的一大瑰宝。布达拉宫里就保存了近万副唐卡。这些唐卡的历史大多数可以追溯到明清时期,创作者是西藏各地区各画派的知名画师。

唐卡的质地有很多种,既有普通的绘画材料,如纸、布,也有更贵重的材料,如缂丝、刺绣、织锦、贴花,有些作品更甚,是以金丝串缀珠玉,十分华贵。虽然唐卡是西藏地区的特有艺术形式,但是,最初很多唐卡是国内其他地区制造的,直到拉萨逐渐能够生产刺绣一类的工艺。宋代的唐卡,在布达拉宫并不多见,差不多就三幅,其中两幅是在国内其他地区制作的缂丝唐卡。

布达拉宫,可以说是一个绘画雕刻的博物馆。

2.一场与时间的竞赛

布达拉宫里还有一处价值连城的地方,这是一间近160平方米的古籍文献库。谁又能想到,这个简单到只有五张办公桌的地方,却收藏了大量的古籍文献。目前,布达拉宫在册的汉、藏、满、蒙、梵等多文种珍贵古籍文献有近4万函,其中包括近3万叶、460多函贝叶经珍品。这些古籍文献的内容可以大致归纳为:经藏、律藏、论藏等三藏典籍;佛本生传记;各语种医药学、史学、戏剧;各类志书、目录等。比如,布达拉宫收藏的金粉书写的大藏经《甘珠尔》和用八宝书写的大藏经《丹珠尔》就十分珍贵,其中,八宝就是珍珠、黄金等八种珠宝，将其制为颜料能书写出不同颜色的文字。

这些古籍流传至今，承载了太多的历史和文化。但是，最结实的书籍也耐不住时间的煎熬，更何况这些文献已走过了几百年。

2018年9月，里约热内卢的巴西国家博物馆遭遇严重火灾，成千上万的藏品被烧毁。2019年4月，法国突发大火，800岁的巴黎圣母院遭到损毁。这些人类文明的损失，无时无刻不为我们的文化保护敲响警钟。

布达拉宫，矗立在红山上已经有千年的岁月了，它里面的陈列，佛像雕刻也好，文献古籍也罢，静默地守护着拉萨人民也有多年时光。没有长存的事物，但我们也需要缓冲现实和时间对这些珍宝的伤害。

2019年年初，国家预计启动3亿的专项资金，对布达拉宫的古籍文献开展为期十年的保护利用工程。就像管理处文保科科长边巴洛桑所说的："古籍文献的保护就是一场与时间的竞赛。"

布达拉宫的古籍中有来自古印度的贝叶经，即使到今天，这些跨越千年的经文也十分珍贵，全世界的收藏量也不过千函，收藏最多的就是布达拉宫。正因为如此，布达拉宫还专门设立了贝叶经库房。为了让这些珍贵的古籍，不再只是束之高阁，而是更接地气地走进生活之中，数字化归档成为一项十分重要的工作。这些古籍将被开放给更多热爱它的人，真正成为人类文化研究的一部分。

布达拉宫，一个遍布黄金、珠宝的地方，它的珍贵之处却不只是因为它花团锦簇般的富贵。布达拉宫，藏族文化，精致的文物，都是在藏族人民的汗水和智慧中，在华夏文明的滋养中，在新时代的畅想中，成长为如今的模样。布达拉宫的云烟，氤氲了千年，我们或许可以期待，期待它的下一个千年时光。

第二章 在拉萨，走坛城

　　大昭寺、小昭寺，供奉着信徒心中的神明。桑烟袅袅，金顶闪闪。多少人将自己的祈愿放进这两座寺庙，在这里留下自己美好的心意，带着对人世安稳的祝福离开。两座寺庙，都在千年岁月中，讲述着它们从诞生到繁盛的时光。

　　风云四大林，曾经大德们的私人府邸，如今也有了百姓们的香火之气，它们是岁月给予拉萨的礼物，也是拉萨人的美好回忆。

● 风起大昭寺 ●

"好一座奇异绝伦的无量佛宫，
功德无边建造得极其精美。"

　　只这一句话便将大昭寺的美妙点明出来。我们似乎瞬间走进了一座以历史为笔、以文化为墨的殿堂。

1. 大昭寺的清晨

　　又是一个空气里飘着藏香的清晨，缕缕青烟朝着天空飞去，恍若融入了明亮的蓝天之中，化成了一片守护拉萨的祥云。和中国其他城市一样，这里既有祥和安宁的闲适，又有熙攘繁华的热闹。

　　大昭寺前，有一群人，有些穿着藏族的传统服饰，有些就是T恤西装裤的模样，五体投地，顶礼膜拜，用他们仪式上最高的虔诚，表达自己对这片土地的爱意。

　　在大昭寺的缥缈薄烟中，更多人从这里经过，他们把帽檐压得低低的，拉萨的天气爽朗，日头却着实有些伤人。但是，他们的脸上却充满了一种

明媚的希望。对他们来说,或许一天的生意又要开张了,荷包里又能富余一些;或许又要送孩子去上学了,那系着红领巾的小娃娃最近又得了不错的成绩;或许今年的牛羊长势不错,过些年又是一笔收入;或许他们正约了三五好友,打算去龙王潭公园跳跳舞、练练瑜伽、打打太极……

在大昭寺深吸一口气,除了佛香,似乎还有一股欣欣向荣的中国老百姓的人间烟火。

这是大昭寺。对于很多人来说,这就是他们的生活,也是他们生活的地方和一角。

2. 那年"觉康",那年汉藏情

大昭寺,也被称为"祖拉康""觉康"(藏语意为佛殿),这座藏传佛教寺院,在拉萨的老城区正中央的位置,就像是嵌在冠上的宝石。对于拉萨来说,大昭寺就是"圣地"。

大昭寺坐东朝西,整体风格有一种集大成的美感。四层之高的大昭寺,覆盖着法轮和卧鹿,让人在离寺庙很远的地方,似乎就能感受到大昭寺传递的肃穆而庄严的氛围。法轮象征佛法,法轮两侧的卧鹿象征智慧和方法。宝幢,是寺庙或宫殿顶层的装饰,材质一般有金、铜、鎏金铜等,代表着佛法昌盛。大昭寺的宝幢是鎏金铜宝幢，上面有水獭毛之鱼、八脚狮子、海螺尾曲森（巨鳌）。这种辉煌又有力量的建筑风格，带着几分当时中原大唐的风味，透着一种华丽却又权威的质感。除了受到大唐的影响，大昭寺还有一些尼泊尔、印度的建筑风格。

迄今为止，大昭寺已经有1400多年的历史了。它如今的规模，并不是在一开始就有的，自它建成以后，在此后的漫长岁月里，还历经了元朝、明朝、清朝的修葺。大昭寺是西藏最早的土木结构建筑，当后人站在大昭寺前，聆听着从里面传出来的诵经声时，不知是否会想起当年辉煌一时的吐蕃。

大昭寺，修建时间可以追溯至647年。关于大昭寺的修建，还有一些有趣的民间传说。

相传，大昭寺在修建伊始并不顺利，每每地基刚建成，就地动山摇，建好的地方就会坍塌。当时，正值文成公主入藏，松赞干布的另一个王妃尺尊公主听说文成公主精通历算，便请教文成公主如何修建大昭寺。

文成公主勘察了吐蕃的地貌，又进行了一番卜算。她发现，吐蕃的地形就像是一个仰卧的魔女，而原为大片沼泽地的拉萨中央，有一处湖泊，这就是这个魔女的心血汇集之地。所以，之前大昭寺建不成，就是因为有魔女作祟。如今，若是填土堵塞其血脉，把大昭寺建立在魔女心血之处，再供奉释迦牟尼像，就能镇住魔女。而湖泊边还有一处沙地，那是龙宫所在之处，也需要修建寺庙来镇压龙魔，而这处修建的就是小昭寺。

于是，松赞干布便命人开始填湖造寺。要填湖，就需要大量的土石，而这些土石都是由白山羊驮上山的，所以，在寺庙建成了之后，寺庙便被命名为"惹刹"，大致意思就是山羊驮土。

关于文成公主的传说，不仅有修建大昭寺这一则，还有很多其他的故事也在拉萨广为流传。藏族人民对文成公主的爱意，不比对松赞干布少。

当我们走进大昭寺的时候，能看见一座无量光佛殿，有三尊佛像被供奉在高座上，中间的是松赞干布，左为大唐的文成公主，右为尼泊尔的尺尊公主。佛像是汉族风格的样式。再往前走，越过石阶，两旁是卫士，在这里守护着拉萨的信仰已然那么多年。往前便是大昭寺的心脏——"觉康"。此殿是大昭寺主供佛12岁等身像"觉沃释迦牟尼"的佛殿。

不仅是大昭寺,连小昭寺也是由文成公主奠基建成。文成公主不仅在当时的吐蕃弘扬佛法,更是带去了中原地区先进的生产技术、粮食种子、医学著作,如五谷、菜籽。对于现在的藏族人来说已经离不开的青稞,就是当时文成公主带过来的小麦的变种。

　　文成公主的到来,不仅将佛教文化带入了西藏,更是促进了汉藏两地积极和平的交流。和平的地方,总是有更繁荣的经济沟通,于是,吐蕃出现了更多大唐的工匠,他们在那里修建宫殿房屋,在藏族人民的居所留下了中原的风味;而大唐的长安也多了很多吐蕃的精英青年,他们来到长安,学习最先进的文明,再带回吐蕃,成就更好的故乡。最有经济头脑的商人们也频繁地来往两地,于是,大唐的茶叶、丝绸在吐蕃成为最受欢迎的产品,松赞干布也脱掉了毡裘,换上了丝绢。唐高宗继位之后,授松赞干布"驸马都尉",并封"西海郡王"。同时,将他的石像位列昭陵。

　　而这一切和平岁月的开始,就是文成公主远离故土带去的理想。这位大唐的宗室女,将自己的如花年华献给了西藏,谱写了一曲美好的歌谣。

　　我们走过漫长的历史,总有一些东西会变化,拉萨的山川、湖水都留下了岁月的痕迹,但是,那份唐蕃之间的情意却延续千年。那份汉藏人民的友好,早早地就开花结果,生机勃勃。

3.公主柳的前世今生

　　当我们从大昭寺走出来的时候,迎面会遇上一棵已经枯萎的柳树。大昭寺的这棵柳树,在这里已经矗立了千年之久,曾经,它也有绿意满枝头的繁茂时候,如今,只剩下一丛枯木为我们温柔地讲述一个关于大唐公主的故事。

　　这株古柳被称为"公主柳",相传是修建大昭寺之时,文成公主亲手种下的。这株柳树据说是她从长安带来的,长安的风物之美,公主对故土的思念之情,都倾注在这株柳树中。在中国文化中,尤其在很多诗歌意向里,"柳"谐音"留",氤氲着一种依依惜别之情。或许公主想挽留的,便是故乡最美好的回忆,她把这份回忆也带到了遥远的吐蕃。

　　现在,我们漫步在拉萨,在很多地方都能看到柳树,修长的柳条在风中柔软地招展着,像是欢迎远道而来的客人,也像是为了美好生活而舞蹈。

　　拉萨至山南的101省道旁也种着柳树,据说也是文成公主当年带来的,当地人也管它们叫公主柳。每逢藏历新年来临之际，这些柳树就要被修理剪枝，利于来年的新发。因为拉萨和山南的藏历新年有悬挂经幡树的习俗，所以，这些剪下来的柳枝也不会被浪费，而是卖给经幡树商人，商人们将柳枝装饰上经幡，能卖上两百多。之后，这些经幡树会和国旗一起被放置在屋顶，一同在风中飘扬。

大昭寺的风光，在晨夕的变幻中，仍旧保持着庄严而又美好的模样，如大昭寺的金顶、大昭寺的佛像、大昭寺的松赞干布和文成公主金像、大昭寺的柳树，还有大昭寺的藏香。人们在这里生活，这是当地人吃穿住行的一片天地。也有人在这里诉说着自己虔诚无比的心意，感谢着如今的美好生活。

● 小昭寺的人间烟火 ●

如果我们正走在小昭寺路上，会觉得这里的生活带着一些别有风情的诗味。我们可以走进一家餐饮店，点上一杯酥油茶或者甜茶，微微地品上一口，等那种浓香柔腻的味道在味蕾上扩散。一些路人走过，有游客，也有当地人，道路两旁也有贩卖西藏特产的商贩，没有拥挤杂乱的感觉，却又不失几分热闹。或许，远远地，有个藏族妇女在擀着饼子，等饼子做好了，就是满满的粮食的香味。一个年轻的藏族姑娘，也许是在散步，也许要去转经，她穿着一身阿迪达斯的运动服，匆匆走过。

很多从未到过拉萨的人，会把这里想象成那种古朴而传统的世外桃源，但是，现代化和信息化的春风，早就吹遍了拉萨。人们刷着手机，谈论着每天看到的新鲜事。在小昭寺路上买份特产或者吃顿饭，直接扫二维码就行了。

这里的生活愈发简单便捷，其实，拉萨离我们并不远。

1. "绽放"至今的小昭寺

小昭寺路因为小昭寺而知名。去往拉萨的人，要说到不得不去的寺庙，或许就是"拉萨二昭"——大昭寺和小昭寺。

和大昭寺一样，小昭寺也是在松赞干布时期，由文成公主主持修建。据说，小昭寺的大门朝东，是因为东方面对的是文成公主的故乡大唐，面向这

个方向，文成公主就能够一解自己的思乡之情。小昭寺的建筑特点也是汉藏结合的风格，大唐庙宇的基础造型，中原风格的金顶，再融入了藏族建筑艺术的审美，如门窗、墙壁、柱子的造型和雕饰。

小昭寺的结构没有太复杂，主要就是庭院、门楼、神殿、转经回廊等。门楼分为三层，分别是底层门廊、二层僧房、三层经室。神殿也是三层，最底层有一个经堂和佛殿，第三层则设置有房间，专供达赖喇嘛使用。

历史上，小昭寺经历过几次火患，也有损毁，迄今为止，它经过了多次修缮。即便如此，这也不影响小昭寺的历史文化价值。2001年，小昭寺被国务院公布为第五批全国重点文物保护单位。

一座壮观而庄严的建筑，便在拉萨的土地上，历经时光，如格桑花一般，绽放至今。

2. 小昭寺的传说

文成公主嫁入吐蕃的时候，带去了无数珍贵、先进的陪嫁，其中就有一尊释迦牟尼12岁等身像。有一个关于建立小昭寺的民间传说。相传，当时文成公主和亲的队伍浩浩荡荡，历经千辛万苦才走到拉萨。正当他们快要接近如今布达拉宫所在地的时候，送亲队伍却出现了意外，装有释迦牟尼等身像的马车忽然陷进了泥淖里，怎么都出不来。文成公主见状，便卜算了一番，发现马车下陷的地方是一块风水宝地。于是，她便决定在这里建筑一座寺庙，供奉她带来的佛像。这就是小昭寺。

今天，大昭寺和小昭寺之所以盛名在外，都是因为大昭寺里供奉着文成公主带来的释迦牟尼12岁等身像，小昭寺里则供奉着尺尊公主带来的释迦牟尼8岁等身像。但是，当初是大昭寺供奉8岁等身像，小昭寺供奉12岁等身像。如今却倒过来了，这是为什么呢？

据说，在松赞干布去世之后，他的孙子芒松芒赞成为赞普。后来，吐蕃和大唐有了摩擦，芒松芒赞收到消息，说大唐要攻打吐蕃，并打算夺回当年文成公主带来的释迦牟尼12岁等身佛像。他情急之下，便将佛像从小昭寺转移到了大昭寺里，并找了一个十分隐秘的地方藏了起来。后来，到了赤祖德赞时期，金城公主嫁入了吐蕃，她就把密藏在大昭寺里的佛像摆了出来，并供奉于大昭寺。同时，她又把原来供奉于大昭寺的释迦牟尼8岁等身像转移到了小昭寺。这才有了两尊佛像互换的事情。

3. 小昭寺路的人间烟火

我们来到拉萨，游走在小昭寺的历史中，听着过去的故事，看着如今的建筑。以小昭寺为中心，这里有四通八达的幽深的小巷子，于是，小昭寺路上，就有了男女老少的谈天说地，有了街头巷尾的小买卖人的生意，也有了无数游人对小昭寺的向往，以及虔诚的佛教徒走向小昭寺的步伐。

抬头望去，顶上是一片蔚蓝晴空，这片天空也曾经笼罩过千百年前的古人。那时候，是否也像如今一样，人来人往。历史，给人们带来疑惑，也给人们带来希望。所以，看着小昭寺，走在小昭寺路上，就有了过去，有了现在，也有了未来。

在小昭寺路大门2号院内，有一座吉崩岗小庙，它曾经的辉煌已经在时光中消散了，后来，成了城关区粮食局的仓库。如今，它已经有些萧索。据说，在18世纪的时候，这里有一座高大的佛塔，内有十万尊宗喀巴大师塑像。宗喀巴大师是藏传佛教格鲁派的创立者。后来，这座佛塔被拆除了，佛塔里的宗喀巴大师塑像也被转移到了其他地方，这里便废弃了。不过，在佛塔废弃的地方，一座新的寺庙又被修建了起来。这就是吉崩岗小庙。"吉崩岗"这个名字，意思就是"供奉宗喀巴大师塑像的地方"。

以拉萨的行政区来简单判别的话，以小昭寺路为主，周围的巷子大部分都属于吉崩岗社区。小昭寺路是一个矛盾且有趣的地方，这里店面连着店面，游客来往，谈论着昨天去过的地方，商量着今天要买的特产。这里是热闹的，但是，这里也有它的恬静闲适，甜茶馆里似乎永远冒着腾腾茶香，等待着口渴的过路人。

这里有一家茶馆，叫作"石桥"。这里曾经有石桥，但是，20世纪60年代的时候进行过一次基础设施的优化整改，石桥便没了。而这座茶馆，似乎也在提醒着大家，曾经离这儿不远处，的确有一座石桥。拉萨是个有回忆的城市，里面也住着有回忆的人。

从"石桥"往北走，就在小昭寺路大门5号院里，住着一位老人，名叫强巴。在她小的时候，日子过得很苦，那个时候，她在吃穿上不敢有过多奢望，更不用提上学读书。那时候，能够活下来，已经是用足了力气。她的父亲曾是一个小商人，做着一些小买卖，维持着一家人的基本生活。她的母亲只能靠着自己缝补衣裳的手艺，补贴一些家用。强巴老人没有其他学习技能的渠道，只能跟着母亲学些缝补活儿。

现在，强巴老人的生活不一样了。她有儿女，也有了孙子孙女。她自己是吉崩岗居委会二组组长，儿子在居委会做保安队长，儿媳有居委会分配的摊位做生意。她总是感慨，现在的生活的确是好了。她也没有其他烦恼，比较担忧的无非就是孙子孙女以后读书的花费。

这是小昭寺路上一户普通的人家，有着最直接的美好生活的感受，也有着最普通的生存收支的烦恼。小昭寺路，条条大道通往小昭寺的地方，这里不仅有袅袅佛香，更多的，就是如同强巴老人一样的生活，那种中国家庭里随处可见的人间烟火。

●风云四大林（上）●

18世纪，拉萨兴起了一股修建"拉章"，也就是私人府邸的风潮。其中最为著名的就是拉萨四大"林"。林，可以理解成高地、洲、区域或者林卡（也就是园林的意思）。四大林分别是丹杰（结）林、功德林、锡（喜）德林、策墨（门）林。在拉萨，四大林是保存比较完好的藏族风格古建筑，也是西藏历史上四位大德的私人府邸。

1. 丹杰林寺：花、酒供养的寺庙

18世纪，第六世德穆呼图克图（活佛）开始动工修建寺庙，寺庙建好之后，还得到了康熙皇帝的亲赐匾额，上面题字"丹杰林"。此后，寺庙周遭区域就被统称为"丹杰林"。现在，因为丹杰林寺的所在，附近的居民区也被称为"丹杰林社区"。

曾经，丹杰林寺也有十分宏伟的建筑规模，但是，在岁月之中，它逐渐只剩下一栋三层楼房，楼房的方位坐北朝南。整个建筑分为东西两个部分，东边部分的前部是一个几近方形的经堂。西边部分前部也是一个经堂，后部则是库房。东西部的建筑还有不同的管理机构，东部在1948年由噶厦政府划归哲蚌寺古卫康村管理，西部先是划归萨迦寺管理，后来改为由桑耶寺管理。

丹杰林这一片区域，曾经多是贵族和僧人居住的地方。后来，这里又成了乞丐聚集之地。现在，这里则是一片欣欣向荣的模样。酒吧、餐厅、宾馆等林立其间，让人恍惚之间，有种和其他旅游地商业街混同的感觉。但是，这里的酒吧却没有那种轰鸣的低音炮，它以一种温暖而宁静的感觉，出现在人们面前。

丹杰林寺和拉萨其他的寺庙不太一样，它传递出来的气息并非庄严到让人肃穆，而是令人欢欣和快活的可爱味道。因为丹杰林寺用作供奉的是花和酒。

这里是拉萨有名的许愿之地，每个人都带着虔诚的心和美好的愿望，手持鲜花和青稞酒，将这两样明媚而可爱的东西献给神佛。于是，寺庙门口便聚集了卖花卖酒的人群，花是新鲜而美好的样子，红的、粉的、黄的、白的，每一枝都充满了含苞待放的生命感，每一枝都被透明的包装纸细心地包扎好。酒是青稞酒，这是藏族同胞比较喜欢的一种酒，用青稞酿成，带着粮食的香气，遇上逢年过节或者喜庆事情，大家都会来一杯。

于是，丹杰林寺，这个供养神佛的小小世界，便洋溢着花香和酒香，似乎九天之上的神明也能够因此而欢心。礼佛的人许下心愿，他们也能因此安宁。

2.保家卫国功德林

在布达拉宫西面、磨盘山南面，有一座寺庙，名为"功德林"，修建时间是1792年到1794年。修建人是第八世济咙益西洛桑丹贝贡布，"济咙"是一种对贵族子弟出家后的尊称。乾隆年间，当时的廓尔喀（今尼泊尔）入侵我国西藏地区，为了抗击廓尔喀，西藏人民积极配合中央政府军，进行反击。最终廓尔喀投降，清朝获胜。这场战役被称为"廓尔喀之役"。当时，济咙益西洛桑丹贝贡布也在此战役中颇有功绩，清朝大将福康安就指示益西洛桑丹贝贡布修建了功德林。功德林寺也成为济咙活佛的永久邸所，乾隆皇帝御赐庙名为"卫藏永安"，藏语简称为功德林。功德林的建立也纪念了西藏人民为国家统一、民族团结做出的贡献。

功德林的范围很大，主楼有四层，墙壁由石砌成，以赭红色的贝马草为装饰。主楼的中心是经堂，经堂后是佛堂，供奉着宗喀巴等身像和各种护法神像。益西洛桑丹贝贡布去世之后，主供宗喀巴的佛殿就改成了灵塔殿，供奉着三座灵塔，分别是第八世济咙活佛、第九世济咙活佛、第十世济咙活佛。经堂顶楼的卧室中则收藏了历代清朝皇帝赏赐的牌匾和宝物。

功德林有一个殿堂，供奉着白度母，这尊白度母是西藏最大的度母像。在藏传佛教中，观音菩萨有三十二种化身，其中最为知名的便是白度母和绿度母。在宗教文化里，白度母和绿度母都能够救苦救难、消灾免祸、驱除疾病等。十分受藏族人民喜爱的文成公主就被认为是绿度母的化身，而尺尊公主被认为是白度母的化身。

功德林给人一种庄严而有历史回忆的质感。漫步在这里，仿佛能够想象到当年汉藏两族人民抗击廓尔喀的那段岁月。历史的车轮向前滚动，却总会留下一些情谊在世间长存。

与功德林寺相应的是功德林天街商场。这是一处寻常却又华丽的商业天地，这里的气质似乎和拉萨一些比较传统的地方不同。如果我们想吃一顿藏族美食，这里就是老饕的天堂。各式各样的餐厅各显神通，比如，光是店铺就有喜马拉雅艺术餐厅、牛帮煮、舌尖皇上、自贡嘟食嘴儿等。餐厅里有琳琅满目的美食，糌粑、酥油茶、牛羊肉、奶制品、青稞酒，都是拉萨常见的食物，但是这里又做出了一份与众不同的味道，更加精致，也更加独特。

从装修风格来看，这里也汇聚了很多其他地方的特色，西式的餐厅装修，京城气息的京味儿店，四川的自贡美食。于是，我们就能吃着北京烤鸭，嚼着东北拉皮儿，再来一道自贡冷吃兔。从祖国其他地方来的人，也能在拉萨吃到地道的家乡菜，抵消一些自己的乡愁。

拉萨，一个多元的城市，从祖国四面八方赶来的人群，不仅能在这里感受到当地的民族风情，更能感受到一种包容的多样性。

功德林寺和功德林天街商场，一个讲述着曾经的历史辉煌，一个描述着如今的现代多元，两处相互辉映，成为一道见证过去、现在和未来的明光。

●风云四大林（下）●

四大林的美，装点着历史，镌刻着力量，迈步向未来。这些地方，总能给人思考和惊喜。

1.策墨林（措美林）：充满回忆与现实的地方

在小昭寺西面，有一座策墨林寺（也被称为策门林寺），坐北朝南，和原锡（喜）德林相近。整个建筑的基本造型属于方形院落。从大门进去的话，能看见十分宽敞的院子。院子的前部分有藏族风格的两层小楼，楼下是回廊，楼上是住所。院子的后部则是主体建筑，有很明显的不同时期的修筑痕迹。

关于"策墨林"这个名字的由来，有很多争议。不过，已故著名藏学家东噶·洛桑赤烈在其《东噶藏学大辞典》中提出了一种说法，就是"策墨林"这个名字是清朝的道光皇帝所取。后来，时间一长，随着规划与发展，"策墨林"也逐渐叫作了"措美林"，也出现了后来的措美林社区。

措美林和丹杰林、功德林不太一样，虽然都开始融入商业化的发展，但是，措美林有自己更传统和保守的一面。措美林和其他地方一样，在整理了破败老旧的建筑后，建起了更宜居的楼房。各种商业小店的出现，也让附近居民的生活变得越来越方便。老百姓衣食住行基本都能在措美林社区里面完成。

措美林比较有名的就是那里的泡菜，即便拉萨很多地方后来也都有了泡菜，但是，当地人还是觉得措美林的泡菜比较顺口。或许，那里有他们儿时的记忆和味道。和四川、湖南的泡菜差不多，措美林的泡菜也有自己的搭配吃法。吃糌粑的时候，可以配上一碟子泡菜；吃藏面的时候，也可以搭配一些，好吃、爽口，又下饭。

以前，措美林卖泡菜的人家很多，住在附近的人想吃了，出门找一户常去的人家，就可以买到。后来，经过了规划和发展，原本卖泡菜的人家，把自己的铺子租出去，铺子做着其他生意，自己就摆一个泡菜摊子。卖泡菜、收房租两不误，家庭收入又多了一个进项。卖其他东西的铺子多了，附近人的生活也就更方便了，想买个日用品，出门就可以。

有一位普布次仁老人一直住在措美林，每当他谈起措美林的变化时，都油然升起一种欢欣，他说出门就能买东西，方便得很。他也常常想起过去的老旧楼房，对比着现在住的舒适高楼、车水马龙的马路，他对生活的美好向往又多了几分。

不仅是吃东西、买日用品，就算是做一身衣裳，在措美林也十分方便，尤其是藏族同胞要穿的传统藏族服饰。这里就有一条措美林服装市场，要做什么衣裳，直接到熟悉的店里去就行了。这里做衣裳、卖衣裳的人都有些年头，大家你来我往的熟悉了，也可以有些优惠折扣。老百姓穿着新衣裳，逢年过节或者有喜事，整个人的精神头也是积极昂扬的。

措美林的美好，在于它不仅有现代的生活方式，更有过去的温暖回忆。生活在这里的人，目睹着措美林日新月异的变化，看着它走向更加美好的未来，又有一份熟悉的时光记忆保存在身边，就像是措美林泡菜的味道，还有那些熟稔地做着藏族服饰的店家们。

2.喜德林：废墟重生

喜德林，也有称为锡德林，始建于公元9世纪，它曾是热振活佛的居所，后来，爱国的热振活佛被英帝国主义和西藏上层亲帝分子迫害致死，喜德林寺也未能幸免于难而化为一片废墟，原本两层楼高的建筑只剩下不到一层楼的残垣断壁。谁又能想到呢？在拉萨的闹市区里，会有这样一栋断壁残垣的建筑。长年累月的风雨侵蚀，让喜德林在衰颓之上又带了几分时光的斑驳感。就是这样一栋废弃的建筑，却有那么多人爱着它。

住在附近的人爱它，因为它贯穿着他们的生活，对于出门回家的人来说，这里是每天的必经之地，这样残破的美感是他们早就已经熟悉的风景。

他们可以在蓝天下，看着喜德林静默地沉浸在阳光里，一群孩子笑闹着从这里跑过。有人在这里留下照片，这将成为他们此后的美好记忆。

有些人则是慕名而来，带着相机或者喜欢的人。他们要记录下一些时刻，记录下一些拉萨的十分重要的历史痕迹，这栋建筑有着一种断臂维纳斯一样的美感，让人沉醉其中，欲罢不能。

喜德林，就在那里，无惧时光，无畏风雨，它就这样看着拉萨逐渐走向更美好的时光。它看着那里的人逐渐变得富足、健康，看着那里的建筑逐渐有了现代宜居的模样，它看着人们一边缅怀着它，一边过着更好的生活。但是，喜德林并不寂寞，因为有人记着它。

2016年，国家预备拿出1500万元的重点文物保护专项补助资金，用于喜德林寺的整修保护工作。半个多世纪了，饱经风霜的喜德林第一次迎来这样大规模的修缮工程。修缮工程完毕之后，喜德林将以非物质文化遗产展示的功能对外开放。这次整修将全程遵照"不改变文物原貌"的原则，也就是说，喜德林是建立在对大量文物资料的了解基础上的修缮，致力于还原喜德林最初的风采。比如，维修工程之前的勘探和准备，椽柱的雕花，卯榫的规格，遗迹的确认，地垄层的布网，墙体的位置，这些都需要精心考察才可以完成。

喜德林，从来不曾被遗忘在历史的尘埃里。

拉萨的四大林，用它们独有的方式，记录着拉萨的历史，它们留下了古人们生活和思想的印记，同时，又描绘着现代生活中拉萨老百姓的悲欢离合。四大林承载的历史从不曾割裂和断层，它很自然地走过了岁月匆匆，温暖地融入了人们的生活和记忆。

第三章 醒在有阳光的八廓街

八廓街，一个承载着信仰的地方，一个充满了现代商业活力的地方，一个行走在古老和新鲜之间的地方，一个遍布岁月珍宝的地方，一个至美而不自知的地方。

街头巷角的每一处，都饱含传说。纵横交错的互通，仓央嘉措的黄房子，根敦群培的纪念馆，都描摹着自己的故事。藏香、青稞酒、糌粑、藏面、藏戏面具、藏族服饰、藏式家居、咖啡馆、阅览室、互联网……在这里，历史文化和现代科技的样子，你都看得见。

● 八廓古城，自在独行 ●

这是一个拉萨的清晨，正值雨季的到来。天空略显得阴沉，细雨蒙蒙，濡湿了整个拉萨。这场雨，缥缈得像一层冉冉而生的薄雾，又像是缓缓地笼罩着拉萨的轻纱。

走在拉萨古城的八廓街上，微微地吸一口空气，一股略微清凉的湿气，就这样通过鼻腔，走进了五脏六腑。杂糅在这股空气里的，还有不远处的甜茶的清香。脚下的青石板，朦胧地呈现着人的倒影，有那些匆匆走过的行人，也有悠闲淡然的散步者。

八廓街，在这样的清晨，醒过来了。

1."圣路"八廓街

八廓街，也被叫作"八角街"。在藏语里，"八廓"有"环形"的意思。那么，为什么又被叫作"八角"呢？是这条街道有八个角吗？当然不是。这是因为有很多四川人住在拉萨，在四川话里，"廓""角"两个字的发音很相近，于是，说的人多了，便有了误读，"八廓街"就成了"八角街"。

正所谓"先有大昭寺，后有八廓街"。大昭寺建成以后，来这里转经的

　　信徒就越来越多。世上本没有路，走的人多了，便也有了路。于是，一条环绕着大昭寺的转经路便形成了，这就是最早的八廓街。

　　八廓街位于拉萨市旧城区，原街道就是一条围绕大昭寺的转经道，藏族人称之为"圣路"。如今，八廓街也是著名的商业中心，这里摆着琳琅满目的商品、特产和食物，等着那些对拉萨仰慕已久的游客。这里的人来来往往，他们都有着各自的信仰和故事。信徒从这里走过，有一些磕着三步等身长头，他们围绕着这里的大昭寺，也在八廓街留下了自己的足迹；有些藏族的小姑娘，带着几分都市女性的利落，谈论着自己的工作；有些姑娘穿着传统服饰，昂贵且精致的手工制品点缀着美好的衣裳；有些藏族阿妈，手里摇着转经筒，肤色是健康的黝黑，虽然脸上爬满了皱纹，笑容却格外明亮，有游客对着她拍照，她也不说话，只是张嘴笑着；八廓街上还充斥各种各样的语言，藏语、普通话、英语……有从外地赶来做生意的人，也有来感受中国文化的外国游客，各种发色肤色的人穿行在这里，对于拉萨这个有着千年历史的古城来说，并不显得突兀。

　　八廓街，是一个美好的地方，它的美好，正在于历史遗产、藏族文化、现代文明的共同前行。

八廓街的建筑，是十分典型的藏族建筑风格。白色的墙，绛色的梁柱，黄色的窗框，再有一抹绿色和金色的点缀，在蓝天之下，显得清晰而庄重。楼上插着经幡和国旗，在和缓的风中轻轻地飘荡着。

中国有很多小城、古镇，因为现代商业的侵袭，改变了自己曾经古朴而纯真的模样，那一处仍旧美丽，但是去过的人，似乎有一些不尽如其意。在时光中走得太久，总容易迷失最开始的路。八廓街却有着不同的气质，它似乎总能记起自己的初衷。每一年，每一月，每一天，都在熟悉而全新的气氛中开始。它充满了历史，却又不排斥现代化。它带着民族的烙印，走向更远的他方。

这里既传统，又现代；既成熟，又年轻。

2. 八廓街的小巷子

八廓街由八廓东街、八廓西街、八廓南街和八廓北街组成，形成一个多边形街道环，周长约1000米，有很多岔道，也有很多街巷。俯视而下，八廓街如同一个同心圆，圆里的街道向四面八方辐射。这里还有一些胡同，这些胡同各有各的风格。

夏萨苏巷：曾经的鲜肉街，如今的繁华道

夏萨苏在八廓北街外，"夏萨苏"这个名字有新肉上市的意思。因为以前的夏萨苏就是一个小型的屠宰场，被宰杀后的羊，最后就被送到八廓北街处售卖。1959年前后，拉萨肉市场主要也是夏萨苏、翁堆兴卡、夏冲沃、河坝林这几个地方。

现在还能找到当年夏萨苏肉市的照片——街道边满满都是堆放一地的牛羊肉，那些卖肉的牧民就站着等顾客上门，有人从肉摊边走过，只看一眼，有人早就买好了，提着袋子正往回走。那时候，孩子们都盼着藏历十月二十五，因为到那时孩子们就能多一样有趣儿的玩具。在藏历十月二十五前的一个星期，家长就会带着孩子去肉市挑选充了气的牛膀胱，牛膀胱带回家，晒个两三天就干透了，这个时候，上下打两个孔，就能穿成一个灯笼。或许，这就是一个难以忘怀的童年回忆。

如今的夏萨苏不再只是一个肉市。居民楼和商铺如雨后春笋般涌现了出来，来这里做各种各样买卖的人越来越多，卖藏族服饰的，卖蔬菜的，开旅馆的……不胜枚举。这里的生活气和商业气也逐渐充足了起来。

其米夏巷：八廓街的小型百货市场

如果要在八廓街买东西，在大昭寺与冲赛康市场之间的其米夏倒是一个不错的选择。其米夏充满了一种生意人的繁忙和热闹，这个地方充满了琳琅满目的商品，日用品、珠宝、服饰……恍若一个小型百货市场。行人从这里走过，似乎总有一样东西能够吸引他们的目光。每天，这里都会有人打扫卫生，所以，虽然都是熙熙攘攘的人群，地方却是整洁干净的。

这里的商人从祖国的五湖四海而来，甚至还有国外来的商人，有些资深的外地生意人到这个地方都快二十年了，他们当年来拉萨的时候，还是一个充满了青春活力的小伙子或者小姑娘，如今，他们已经在拉萨扎根。在这里生活的，都是小生意人，一家人或者几家人合伙卖点儿东西，并不能做到大富大贵，但是正常生活是没问题的。逢年过节，他们也把家人接来团圆，日子也算是美满。

其米夏的生意人，其米夏的商品，在岁月之中，逐渐完成了自己成熟的样子。在这个地方，抬头或低头，就能嗅到一种生活的气息。他们的面庞，一如这个城市的模样，在时间中发光。

吉日巷：巷子里的宁静时光

八廓老城的东北部，有一条吉日巷。"吉日"的发音，原本应该是"吉克斯"，藏语的意思是"烤生牛皮的"，从字面意思上我们不难理解，这条小巷和牛皮加工有关。以前的吉日巷，主要是民间皮革加工作坊和皮革商品销售街。

现在的吉日巷也和其他小巷一样，开门做生意，卖服饰和手工艺品，卖藏族式样的家具，卖尼泊尔香料、食物，还有人开小饭馆或茶馆。在吉日三巷二号，有一座传统的藏式二层小楼，叫作"吉日卓康"。小楼的一楼是一间茶馆，名叫"吉日茶院"，在这里可以喝甜茶、吃藏面。这里有一处天花板是玻璃的，阳光没有遮挡地落下来，整个空间都显得十分透亮和安宁。

吉日巷还有一家名叫"明久工艺品店"的布制面具小店，老板就是拉萨布制面具制作技艺代表性传承人西洛。西洛本人还在达孜区雪乡教授面具制作工艺，店铺主要是他哥哥在打理。店里售卖的面具主要是羌姆面具和悬挂面具。羌姆面具主要指西藏各个寺院跳金刚舞时佩戴的面具，一般在寺庙的重大宗教祭祀和节庆活动中使用。悬挂面具主要是指悬挂于密宗神殿墙上或梁柱上的供奉面具。西洛的哥哥说，店里的生意还是不错的。

在八廓古城，像这样的小巷子不在少数，它们都有自己的风格和味道。要是想买藏毯的话，就一定要去绕赛巷。这里有十分齐全的藏毯，包括卡垫、地毯、靠垫、坐垫、挂毯等，还有一些工艺品，如马具垫、大牲畜额头装饰物。如果要买藏式家具的话，措纳巷则是一个好去处。这里的家具色彩艳丽、纹饰丰富、雕刻精细，普通的有一千多的，贵的也有能卖上十几万的。

这些八廓古城的小巷子，就像是拉萨的一个又一个缩影。生活，就在这里进行。

3.千年古城的新生活

今天，我们来到八廓街，能够看到一副井然有序的场景，每个人都按着计划做着自己的事情，忙着自己的工作和生意，过着自己的生活。

但是，这样的场景并不是理所当然的。

2012年7月3日，拉萨市八廓古城管理委员会（以下简称管委会）成立了，并于7月23日正式挂牌。这个管委会要忙的事情特别多，比如，流动人口的调查和服务，八廓街的治安问题，街道的规划管理问题。每天，管委会都会有相关工作人员对八廓街进行检查，路灯是否有故障，下水道是否出了问题，石板路是否出了状况，都归他们管理。

"不要把东西挂在店外，这样影响市容市貌。"

"你们店的招牌不符合老城区特色，需要重新更改。"

"老城区居民大院下水道堵塞，下午派工作人员进行疏通。"

……

这就是他们每天都要面对的问题，虽然零碎，却从未当成小事。

出生在老城区的晋美老人，对于老城区的变化，十分感同身受。以前，这里抬头就是密密麻麻的电线，电线相互缠绕，不仅显得十分杂乱，还容易产生事故。现在，各种线路埋入了地下，建筑外，街道上，再也没有那种纠缠且压抑的"蜘蛛网"了。晋美老人住的地方，以前常常出现停电，那时附近的人无论正在工作还是在做家务，都不得不停下，耽误时间，也耽误事。停电让人糟心，下雨也不让人省心，地上有积水，或踩一脚泥，或溅一身水。

现在好了，老城区经过整理改造，停电和积水的现象，基本已经解决了。街道干净了，没几步路就有一个垃圾桶；规划也整齐了，做生意卖东西的、居住生活的、旅行游玩的，彼此互不干扰。

落日西斜，忙碌了一天的八廓街带上了几分霓虹的璀璨。在《西藏民俗文化漫笔》中，作者次仁多吉忆起八廓街的夜晚，就是这样一副美好、安宁又恢宏的模样。

"八廓街最有气势、最动人心弦的一幕，是在黄昏和傍晚。

"光明之主架着七马神车，在金色的晚霞中消逝了。美丽的古城变得朦胧而神奇。八角街灯火闪烁，如同满天的繁星。明月初升，八角街涨潮了，这是一天中沸腾的最高峰。人群的潮水环绕着大昭寺冲刷流滚。祈祷声，诵六字真言声，高昂旷远的民歌，倾诉爱情的低语……理智与感情融合了，理想与现实融合了，心灵与肉体融合了，人类与世界和宇宙融为一体。此时此刻，是不分国籍、种族、信仰、地区、语言和性别的，大家在热忱真挚的目光中彼此交流，在心灵共同的歌声中行进……夜色深沉了，人群才缓缓地像秋末的溪水般渐流渐散，渐流渐止。八角街家家户户的灯光相继熄灭，偶尔有几声犬吠打破安宁，随后是短暂的万籁寂静的午夜。"

八廓街，睡了，等待着明日的到来。

●黄房子：仓央嘉措的玛吉阿米●

"夺我心魄的人儿，若能够厮守到老。仿佛从大海深处，捞上来奇珍异宝。"

"那偶然路遇的情人，是肌体芳香的姑娘。像拾到晶莹剔透的绿宝石，又将它弃置路旁。"

"两小无猜的心上人啊，她的幡儿插在柳树旁。看护柳树的阿哥，请别拿石头打它。"

"心爱的姑娘，若要去学法修行，少年我也去，去向那山中的禅洞。"

"我和情人的幽会地点,在南门巴的密林深处。除了巧嘴鹦鹉,谁也不知道。能说会道的鹦鹉,这个秘密你可不要泄露。"

"拉萨的人群之中,琼结①的人最纯洁,来会我的姑娘,家就住在琼结。"

"住在布达拉宫,我叫持明②仓央嘉措。住在山下拉萨的民居中时,我是浪子宕桑旺波。"

这些就是六世达赖喇嘛仓央嘉措写下的诗句。透过这些情真意切的文字,我们似乎能感受到一个理想又浪漫的爱情故事。而写下这些诗句的人,谁又能想到,他是一个端坐在布达拉宫里的人物?那原本应该肃穆的宫殿,多了一个温柔的关于爱情的传说。那原本应该庄重的宗教领袖,带着他的虔诚和诗意向我们走来。

仓央嘉措的诗,带着一个西藏人独有的浪漫,如同哼唱一首久远的藏族歌谣。他是达赖喇嘛,但是,他却不喜欢总是被束缚在富丽堂皇的宫殿里,他走出宫殿,走向民间。他看着老百姓的生活,也开始讲着属于自己的故事。

1.一栋有故事的"黄房子"

行走在拉萨的八廓街上,我们能够踏上石板路,走向一个迥异而趣味盎然的民族风情。吹着八廓街的风,带着桑烟的味道,让走在这里的人,也缭绕在宁静与平和之中。有转经人在这里低吟诵经,他们一步一个脚印,与略带喧哗的人群擦身而过。小路上传来一些小曲儿,节奏活泼又欢快,游客们带着好奇的眼光,欣赏着八廓街新鲜的工艺品……八廓街的一切让人欢快而困惑,欢快是因为它的美好,困惑是因为恍若走进了历史和现代交融的空间。

八廓街的东南角,有一栋小楼。略带着一些历史斑驳的黄色墙壁,就像一个颇有故事的人。当地人管这里叫作"黄房子",也就是各种旅游攻略里的"玛吉阿米"。玛吉阿米,既有纯情少女的意思,也有(未来的)圣洁母亲的意思。

---

①琼结:西藏的一个地名。山南重镇,吐蕃故都。

②持明:对密法有造诣的僧人。

　　这是一栋有故事的黄房子,这个故事,就与仓央嘉措有关。

　　1683年,仓央嘉措诞生于一户农家。在他13岁的时候,他成为六世达赖喇嘛。他不喜欢拘束,于是常常走向民间。有一次,他来到八廓街,就在这栋黄房子里,他在人群之中看见了一个姑娘。世间的一见钟情,总是发生在瞬间。那一刻,仓央嘉措或许知道,也或许不知道,他的这份猝不及防的爱情会迎接怎样的明天。不过,仓央嘉措和姑娘还是在一起了,他们经常在黄房子里幽会。他为这份爱情写诗,用文字镌刻下曾经的铭心刻骨。

　　"东山的山巅之上,升起那皎洁月亮。玛吉阿米的面庞,浮现在我心上。"

　　一栋建筑并不能称之为爱情,爱情源于建筑里的故事。

　　于是,仓央嘉措和心爱姑娘的故事,就这样流传了下来。诗里讲着他们的爱情,歌里唱着他们的爱情。两个人已经化作了历史的尘埃,但是,黄房子留了下来,这个充满了回忆的载体走过时光,走向百年后的人们。

2. 玛吉阿米的欢歌

川流不息的人们从黄房子前走过。黄房子有了一个名字，叫作"玛吉阿米"，源于仓央嘉措的诗。现在，它是一所驰名中外的餐吧。

人们或为了仓央嘉措，来到玛吉阿米。或来到了玛吉阿米，听到了仓央嘉措。无论如何，在现在的黄房子里能喝咖啡，能点一些小吃，还能连上WiFi……我们还可以听小曲儿，曲子充满了动感的民族风情。

二楼的风景正好，视野囊括了繁华的街道。墙上挂着很多装饰品，看着有些年头，带着时光的气息，有陈旧的风景照，有油画，有唐卡，还有佛像。地毯是用牦牛毛编织而成，淹没了双脚踏在地上的声音。和地毯相呼应的，是餐桌上氆氇①织成的餐垫。这些都是很有藏族风情的织品。这里还有一个吧台，花瓶、咖啡杯，带着一种西式咖啡馆的氛围。要是有谁想要上网，这里还有几台电脑。

这是很有意思的一个地方。往左似乎看见了历史和民族，那些流传了百年的故事，就发生在这里，仓央嘉措就在这里踱步，从窗户望向他心爱的姑娘。藏族人民的日用品也在这里出现，展现着一种和其他地方截然不同的生活环境和生活方式。

这里的一切让外来的人充满了新鲜感，这里的一切又让人如此熟悉。

扫描二维码付款，刷微博和发微信，拍张照片发到朋友圈，告诉大家自己正在拉萨的八廓街，正在玛吉阿米里喝咖啡，桌上摆着美式风味、意式风味或者印度风味、尼泊尔风味的餐点。店里的藏族姑娘，一身干净利落的打扮，因为要迎接来自各个地方的人，所以，普通话说得好，英语也流利。也正因为这样，八廓街上的玛吉阿米不再只是一家200平方米的店铺，而是成为一张名片，也成为一个品牌。大家提到拉萨，就会想到八廓街，提到八廓街，就会想到这栋黄房子。这就是现代人的生活，此时此刻，我们似乎又模糊了彼此生活的边界。

对于黄房子来说，有人来这里享受美食，有人来这里摄影留念，有人在这里邂逅爱情……

或许它的美好之处就在于，这里是一个既能喝到酥油茶，又能喝到咖啡

---

① 氆氇：藏族人民制作和使用的一种毛织品。

的地方。民族的、文化的、历史的、现代的元素，在这里被调和成一杯色彩和谐的鸡尾酒。而整个拉萨就像这杯鸡尾酒，层次丰富、味道饱满。

● 根敦群培纪念馆：行走一生，大师传奇 ●

在八廓东街与八廓南街的相接之地，也就是玛吉阿米相对的地方，有一面墙，墙上有十分华丽的雕刻，这些雕刻被称为"东苏拉姆"，东苏拉姆，传说是大昭寺"吉祥天女"的二女儿。而这面墙也被叫作"东苏拉姆墙"。再往前走，是八廓南街右边，能看见一座"根敦群培纪念馆"。

1. 探访根敦群培纪念馆

根敦群培是一位优秀的藏族学术大师，他辞世的时候，住在八廓街噶如夏大院。后来，在噶如夏大院的基础上，按照"修旧如旧"的原则，修建了根敦群培纪念馆。

走进纪念馆，有一尊根敦群培半身像，再往前走就能看到一口水井，水井形如莲花，或许唯有莲花的"中通外直，不蔓不枝"，才和这位先生乱世中自我坚守的精神相互辉映。水井周围还有一圈脚印，这是刻意设计的，表现出这位大师对学术创作的思考。

纪念馆有3层，里面的展品充满了生活气息，带着强烈的生活痕迹，仿佛真的有一个人，每日都在这里起卧、饮食、学习……书架上摆放着经书，读书时倚靠的木桌，还有根敦群培先生写的笔记、日记、手稿，由此可以想见一个刻苦精进的人，在夜里读书写字。他穿着的小皮靴也在那儿，这双皮靴或许伴着他走过了很长很远的路。馆里还有先生吃饭的用具，木盘、碗套、糌粑盒，多年前，他就在这里，吃上一些东西，就继续写他的著作。

这些展品也表现了他人生的4个阶段，那是他曾经过往的写照——"在安多启蒙求知的二十四年""在拉萨精研佛法的七年""在南亚学识精进的十二年""重返拉萨生活的最后岁月"。

根敦群培先生的一生，藏着他的故事和艰辛，他的委屈和无奈，他的快乐和欣喜，记录到了如今。

2.根敦群培的传奇一生

根敦群培在藏历十五年（1903）八月出生，那是一个叫作雪班村的地方，在安多地区的热贡，也就是今天青海省黄南藏族自治州同仁县。他的父亲是阿拉杰布，他的母亲名为白玛。而根敦群培的原名是仁增朗杰。从很小的时候，根敦群培就展现出了他超出同龄人的聪慧和学习能力，他4岁开始读书习字。后来，他去过亚玛扎西齐寺学经，他也去过底察寺拜堪钦根敦嘉措为师，这时，他将"仁增朗杰"改为"根

敦群培"。后来，他又去了拉卜楞寺，在这里，他展示了自己极强的辩经才能，以及自己独到的见解、观点和分析。正因如此，常常有些高僧被他驳倒，从而心生不满。这也导致他后来在1927年前往西藏。

彼时，他寄住在一个商人家中。同时，还进入了哲蚌寺学经，并拜格西喜饶嘉措为师。他的辩才再次发出了光芒。

在哲蚌寺学经期间，为了糊口，根敦群培也给人画像。他画像造诣很高，有人会慕名而来。在哲蚌寺里，他精进了，却觉得自己学习更深知识的愿望并未实现。这时，他又惹怒了几个蒙古的学经僧人，被打了一顿，这也坚定了他要离开的决心。

此时，印度一个名叫"热乎拉（罗睺罗）"的僧人正好来到拉萨，久闻根敦群培的大名，就想请他做翻译经典的工作，将藏文佛经翻译成梵文。于是，热乎拉就说服根敦群培随自己前往印度学习梵文。后来，根敦群培在锡金甘托克、大吉岭住了一段时间，还跟一个耶稣会的老修女学英语。之后，他去了中印度，认真地学习了梵文和印度语文，游历了那里的名胜，考察了

那里的历史资料。印度、锡金、斯里兰卡，他游历四方，在国外一待就是12年。其间，生活拮据的根敦群培也受到了美国、法国的高薪聘请，想要继续游历学习的他，却遭到了英印政府的阻挠，不予发放通行证书，还时刻派人监视他。根敦群培心生不满。

1945年，根敦群培从印度回到西藏，他还考察了1941年英帝国主义非法炮制的"麦克马洪线"。有人猜测，他后来的无辜被捕，可能和这件事有关，因为他遭到了英国人的记恨。多年后重返家乡，根敦群培并不是一副"衣锦还乡"的模样，而是穿着印度布长袍，提着铁皮箱子，露着笑。慕名而来迎接根敦群培的噶雪巴说他看着像个卖辣椒的商人。他回来后，开始做研究，写作。但是，在英帝国主义的指使下，根敦群培以"画假钞图案"的罪名被捕。即便是有亲友学生多方营救，但是，他还是被关进了朗孜厦，遭受到了严刑逼供。1949年，他才被放出狱。1951年，根敦群培因病去世。

这位虔诚的佛教徒，这位反对帝国主义的爱国者，就这样离开了。

如今，走在八廓街上，那种略带喧嚣的人间烟火气，在步入根敦群培纪念馆时，就逐渐沉稳和安静起来。我们来到这里，静静地聆听历史，看着一个藏族学术大师的过往。

第三篇

DI SAN PIAN

叁

人间烟火日光城

当贵族的特权变成了老百姓的日常，新时代的拉萨便充满了生命的力量。

百年的老宅子里，既雕刻着悠久的历史，也有老百姓的柴米油盐。那里的一砖一木，都带着岁月的风霜和传说，有着史书字里行间不曾体现的鲜活。那里的人，都荡漾着幸福生活的笑意，也让老宅子沾染了与时光、百姓相濡以沫的温情。

罗布林卡，宗角禄康，是连风里都带着绿意的地方。这里的土木、山石、壁画、唐卡、佛像、佛器……都守候在这里许久、许久，观望着热爱它及它热爱的人们。

拉萨的人间烟火，拉萨的平民生活，融入历史之中，也走向未来的征途。

第一章　民居在野，回忆辉煌

在拉萨，老宅子里会开着花，即便在最寂静的时候，也会听到猫的脚步声。老百姓的柴米油盐酱醋茶，也让这里有了一年四季的风景轮转。百年的岁月，在这些宅子里镌刻下年轮，这些年轮，也会在未来的时光中增长。如此，这些宅子和住在宅子里的人，就有了他们共同的日记。

● 古建大院：古宅新貌 ●

来到拉萨的时候，那么多人拿着旅游攻略，去布达拉宫，走大昭寺，逛八廓街……要是遇上黄金周，这些地方更是变得人头攒动、摩肩接踵。于是，我们抬头望望天，低头就从人群的缝隙里看向前方的路。走在路上，各种香气汇集在一起。走一段路，藏香的味道飘过来了，还有一阵桑枝的木质香。再走上一段路，一阵酥油茶和肉味唤醒了人们的辘辘饥肠。

拉萨的路，每一处都有它的风景和气息。

大而美的风景见多了，便可以走走小而精的地方，那些被称为"活化石"的地方——古建大院——也是散落在八廓街上的珍珠。

去古建大院瞧瞧，摸摸那里的墙壁，感受时光在掌心中摩擦出来的尘埃。那里的窗户和壁画，都带着藏族人民的喜乐，见证着他们的悲欢离合。一座城市的风貌，是抽象的，因为它是一种当地人生存与生活状态的精气神，这是看不见的，只能凭着自己感官的触角去感受。但是，一座城市，是可以被感知的——墙壁上的砖块，木头的柱子，百年的壁画，供游人休憩的旅馆和咖啡厅，看一场电影的放映室，收藏精神食粮的图书室，从民居里传出来的袅袅炊烟，藏族姑娘首饰上的绿松石……这就是古建大院里的生活。这就是所有中国人的生活缩影，生存在传统文化和现代科技中，不刻意打磨，不矫揉造作，已融入我们的骨血之中。

拉萨的老城区中，有五十余座拥有百年历史的古建大院。每一座古建大院和连接它们的街巷，都展示着一座历史古城的风貌，让人忍不住去倾听关于它们的故事。

1. 木如宁巴大院的美好时光

沿着八廓街的东面走，那里会有一条小巷子，不用走太久，就能看见一处院子，院子的外墙上挂着一块牌子，上面写着"木如宁巴大院"。红黄相间的牌子已经有些斑驳了，那些字迹隔得远了，就看不清了。

木如宁巴大院和大昭寺就一墙之隔，两个世界的氛围却泾渭分明。大昭寺的人流，总有种永不停歇的劲头，无论是游客行人还是佛教徒，大昭寺都多了一份标志物的象征。但当人们离木如宁巴大院越近，那种温热的喧哗就开始沉寂下来，仿佛一杯蒸汽袅袅的热水随着时间慢慢冷却。

木如宁巴大院的宁静，很能吸引一些享受这方清静天地的生物。一只流浪猫，懒懒散散地走进院子里，选中一块阳光甚好的地方，软软地就倒在了地上，它打着哈欠，眯着眼睛，不知道是已经睡着了还是正在假寐。有人瞧见了，也被这可爱的小东西吸引，走上前去，蹲下来看着它。野猫也不跑，睁开眼睛看了看，然后继续眯眼晒太阳。在拉萨，有一些流浪的猫狗，这些小东西们似乎并不是很怕人，见着人来了，或有粘着亲近的，或有不搭理的，却很少有远远就警觉着逃开的。拉萨温柔的气息，或许让这些小动物格外安心。

其实，拉萨有两座木如寺，一座在北京东路边，就是我们前面提到过的"新木如寺"，而与大昭寺相依的是"旧木如寺"，也就是这座木如宁巴大院。

木如宁巴大院，是民居和寺庙的结合体。所以，同时有桑烟和炊烟的气息，并不违和。院子里有一排转经筒，转经筒散发着微微的金属光泽，可以想见，有很多人从这里走过，手掌拂过转经筒，或许着心愿，或虔诚礼佛。住在这里的人，多数都是本地人。陌生的游客从这里经过，有不明白的地方，都有人愿意帮忙解答，参观的时候记得要摘掉帽子和墨镜，参观路线应该如何走才最好，拍照的时候有哪些忌讳要注意……说完这些后，他们就微笑着辞别陌生人，然后办自己的事去了。院子里还有小卖铺，卖着一些零零散散的日用品和食物，无论是住户还是游人，都多了几分方便。

木如宁巴大院，静谧又充满了生活气息，与其说是羁旅，不如说是归家。

1979年搬到木如宁巴大院居住的格桑次仁，在木如宁巴大院已经生活快

40年了。年轻的时候,格桑次仁要做生意养家,妻子则在家里照顾三个孩子。做生意总有不如意的时候,收入不稳定,家里的开销就成了一大难题。在了解到情况后,木如社区居委会就给格桑次仁安排了一份保安的工作。虽然保安的收入不是很高,但是总归有一份稳定职业,格桑次仁自己做习惯了,也挺高兴。多年后,他已经退休在家,仍旧把自己的工作牌保存得很好。他把自己的爱献给了社区和木如宁巴大院,看着拉萨日新月异的变化,也看着社区越来越现代化。格桑次仁十分感慨,"一直以来,政府对大院都进行了很好的保护,大院先后也维修过几次。作为大院的一名居民,我为能守护这一古老的大院感到自豪。"

木如宁巴大院,承载着很多人的青春和时光,也在拉萨日益成长的步伐中,保留着独属于自己的美好。

2.邦达仓,就在那里

西藏曾有一户富户,名为邦达家族。邦达家族并不是天生的富豪,往上数的话,祖辈里都是佃户农奴,真正让这个家族开始发迹的,则是这个家族里名叫邦达·江尼的"马锅头"。

马锅头是茶马古道上马帮的首领。茶马古道,是我国西南地区的一条商贸通道,因茶马贸易而兴盛,主要是用中原王朝的茶叶和西北民族地区(特别是藏族)的马匹进行贸易,这种形式被称为"茶马互市",后来,其辐射范围逐渐覆盖国内外很多区域,贸易商品也愈发丰富多样。乾隆年间,茶马互市作为一种官方交易形式逐渐退出历史舞台,但是,茶马古道保存了下来,汉、藏两族人民的贸易也延续了下来。既然有商贸活动,就必定需要商品运输,于是,老百姓自发组成了以马、骡马为运输工具的队伍,便被称为"马帮"。

眼光独到的邦达家族想方设法得到了西藏羊毛的经营权,这就是他们真正财富之旅的开始。到了抗日战争时期,值此家国存亡之际,富豪也好,平民也罢,都站在了保家卫国的第一线。邦达家族用自家商队开辟运输线,支援大后方,为祖国统一和民族团结做了巨大贡献。于是,这个家族的美谈留了下来,这个家族曾经的痕迹也留了下来。

邦达仓古建大院,坐落在八廓街的阳光下,走过小巷就能看见它斑驳的墙壁,这是时光留下的印记,仿佛一个苍老的讲故事的人。这座宅院的名字源于邦达仓,而在邦达仓之前,它原是当地贵族擦绒家族的宅邸。擦绒家族建了新宅院后，就将旧宅院卖给了那个来自昌都的富豪——邦达仓。邦达仓，指的是邦达·阳佩、邦达·热嘎、邦达·多吉三兄弟在西藏地区内外、国内外商业活动的总称。

邦达仓大院从时光深处走来，熟知邦达家族历史的人，透过这座宅院，似乎还能联想到在崇山峻岭间穿梭的马帮，嗒嗒的马蹄，和铜铃的声响，在山间响彻，描绘着一个个充满了冒险和浪漫的传说。

20世纪80年代开始，拉萨就逐步开启了老城区的整修工作，逐渐剥离那些陈旧落魄的脏乱差区域，对古建进行保护。1998年，93处古建院落被公布为"拉萨市古建筑保护院"，给予挂牌保护。

如今，邦达仓大院也迎来了自己的新时代。它的身份不再是贵族宅邸，也不再是富豪之家，而是一处流淌着高原气息的酒店。曾经赶马人放货物的一、二楼，成了背包客的多人间。这里的门廊、柱子、墙面……整个格局进行了最小限度的整修，甚至只安装了Wi-Fi而没有电视，就是为了保留这座古建最初的模样。邦达仓大院里最有人气的或许是"咱们的藏餐馆"，美食总是能让人放松，几个人坐在一起，海阔天空地畅谈一番，于是，邦达仓大院的一个明媚下午就在时间中隐去了。这是一个让人享受阳光而忘却时间的地方，带着几分烂柯人"山中方一日，世上已千年"的梦幻。

● 拉让宁巴大院：诗意居地 ●

在八廓街南边有一棵古柳，虽然历经岁月变迁，古柳却依旧是繁茂的可爱样子。这棵古柳看着拉萨的天，守着拉萨的地，也看着拉让宁巴大院今夕的模样。"拉让"的意思是"活佛或高僧的居所"，"宁巴"的意思是"旧"，拉让宁巴意为古老的大德住处。要进入拉让宁巴大院，就要先穿过八廓街，一路走来，充满了商业气息的喧嚣味道逐渐偃旗息鼓，分明在同一个空间里，拉让宁巴却被一种安静的结界保护着。

1. 好一座拉让宁巴

拉让宁巴是座藏式四合院，三层楼高的古宅，一走进去，就能感受到一种熟悉的藏族风格的装潢，红色的柱子，精巧的细节，一种历史感油然而生，不过，彩色的围栏，让这个沉稳的世界多了一份俏皮和活泼。一墙之隔，古老的气息和现代的生活就有了边界。

去往二楼，那里的护栏上摆着花，拉萨的很多人家，都喜欢养上几盆花，不拘品种，只要到了花开的季节，在绿叶的衬托下，就能瞧见红的粉的黄的白的一片，好看极了。拉萨人对生命的喜爱和尊重，大概也体现在此处吧。从窗户往下看去的时候，八廓南街的风景就收入眼底了，行人像涓涓细流一样，走向自己要去的地方。从商店里面也飘出各种吃喝和商品香气，来一杯甜茶或酥油茶，吃一个糌粑，买一些纪念品，行人的脸上也显得闲适而满足。窗里的世界，有些清冷而孤独；窗外的世界，世俗而热闹。再上楼去，将目光推向更远的地方，布达拉宫就是那里，标志性的红白二色嵌在山上，顶上便是一层蓝天，如果手上有台相机，无论从哪个角度拍去，布达拉宫都有它或宏伟或精致的一面。从拉让宁巴看去，布达拉宫恍若精致的微型模型。金顶、经幡、大昭寺，小小的人间，大大的世界。

二楼有一家体验馆，名字很有诗意，叫作"绛白"。绛白的负责人卓玛说，这个名字的灵感来源于拉萨的象征——布达拉宫的红色和白色。卓玛，生在同样美丽的香格里拉，从云南民族大学旅游管理专业毕业后，她在松赞林寺景区管委会找到了一份十分稳定的工作。不过，年轻人的热情让她想要追求一种更有活力和愿景的生活。她先是选择了去做"北漂"，卓玛在一家北京的旅游公司里带西藏旅游团，在这个过程中，她愈发深爱这个地方，并发现了藏族元素在旅游经济中的潜力。最后，她选择做了一名"藏漂"，来到了拉萨，来到西藏绛白文化传播有限责任公司，开了这间绛白工作室，销售自己设计的纪念品，"山羊驮土的城上"系列丝巾、曼荼罗印花雨伞、藏族元素的钥匙扣和冰箱贴，等等。在绛白，免费看书、喝茶、聊天都行。收费项目则是藏族文化的 DIY 体验，分别是藏香道体验、唐卡彩绘体验、酥油茶道体验，这几种文化体验都是藏族文化的典型代表。于是，在拉让宁巴的一个下午，我们可以选择走进绛白，学习如何用牛角孔推香线，或者学习如何为一幅唐卡配色、上色……

相对于匆匆而过的行人来说，或许，我们能更有底气地说一声："拉萨，我来过。拉让宁巴，我来过。"

2. 拉让宁巴的修缮改造

拉让宁巴矗立在拉萨的土地上，许多名人在这里停留，最后终究消失在历史的尘埃中。比如，松赞干布的重臣吞弥·桑布扎，15世纪的宗喀巴大师，17世纪的五世达赖喇嘛……

如今，拉让宁巴大院还住着人家。城关区房产局每年都会来维修，居民们也自发保护和整修一些小问题。2019年，国家投资600余万元对拉让宁巴进行了修缮，对开裂的墙体、残损的木构件及彩绘等进行修复，拉让宁巴重现往日盛景。这座两百年的老宅，被大家用这样的方式深爱着。拉让宁巴，守护着拉萨；拉萨，也守护着拉让宁巴。

之前，大院里只有一口水井，供住户们一起用，大家有时候打水有些费劲。以前在大院里，电线没有秩序地到处乱搭，密密麻麻交杂在一起，既影响美观，也有电火隐患。因为没有完善的排水系统，住户用的是旱厕，有脏水也只是随地一泼。老城改造后，大院里的每户人家都用上了自来水，生活也方便了很多。电线也捋齐了，为了不破坏古宅的墙体，后来再安装的线路是用软管包裹的明线。厕所也改成了冲水厕所，大家也都不必再忍受脏乱的环境了。担任大院组长的普布是个老拉萨，从小就生活在大院里，她做事认真，又热情，大家也都爱同她打交道。她对自己这份工作也很满意，她有组长工资，在八廓街还有一个小摊位，每个月都有租金和租金补贴，日子颇为和美。

这里就是拉让宁巴大院，一点烟火气，一点人间味。

● 你好，林仓；你好，夏扎 ●

古宅里储藏着四季的阳光和风雨，也记录了曾经的历史和现在的时光。拉萨这个城市，悠久而美好，它的美就在于当人们穿行其间的时候，便有了"乱花渐欲迷人眼"的不自觉。

1. 林仓：偷得浮生半日闲

从大昭寺广场入口往右走，穿过一条小巷子，我们就能看到一座"林仓精品酒店"。对于走马观花的人来说，这里不过是拉萨的又一座精美民居。谁又曾想到，那扇白墙上的褐色大门里，承载了三百年的历史光阴。

林仓的院子四四方方的，抬头看，仿佛是流动着白云的画框。拉萨的古宅里，总有许多活着的画。走上楼去，远远地就能看见大昭寺。金顶后就是远山，远山后就是苍穹，看的人心胸就都蔓延到了天际。

　　酒店里的8间客房，无论是摆设还是装潢，都具有藏族风味。那些藏式家具，是店主人白玛费心找来的，有直接在拉萨买的，也有淘来的。宅子没有大动，尽量保留着原汁原味的建筑风格。所以，走在这座古宅里，仿佛也回到了百年前的时光。我们想象着，有个百年前的藏族人，走过门廊，迈过石阶，抚过庭院的花草，远远地朝我们走来，与我们擦肩而过，这是沉浸在历史中才有的火花。

　　我们随同那个想象中的古人一起走回了现代，也看见了新时代留在林仓的烙印。客房里的吸氧机、迷你吧、保险箱，餐饮区的茶室、烧烤、咖啡厅等等，无不在告诉我们，我们在一座古老的建筑里，这座建筑在崭新的时代中。

　　往年，西藏的旅游旺季往往集中在夏季，七到九月份的时候，生意人便迎来了痛并快乐的忙碌时光。但是，每年国庆之后到次年开春，西藏旅游市场就开始"冬眠"了。对于开店的白玛来说，她心里对政府是感激的。政府多年来出台的对西藏旅游业的扶持政策，尤其是2018年提出的"冬游西藏"政策，的确让很多当地人和"藏漂"获益良多。

　　2018年11月1日下午4点19分，在拉萨火车站，一趟列车缓缓进站，这是来自广州的Z264。这趟列车的到来，意味着"冬游西藏"的第一批游客抵达拉萨，开启为期11天的"冬游西藏"之旅。"冬游西藏"是西藏推行的旅游优惠政策，包括经典景区免费游览、交通住宿费用不高于旺季半价，等等，这些政策不仅能够吸引更多的游客来感受西藏冬日的美好，也能缓解旅游产业的淡季危机。

　　白玛对于这样的市场环境是乐见其成的，她说，这样一来，一年四季就都有客人入住酒店了。为了配合政策，她也会更加强化酒店服务，给客人们看见一个更好的拉萨和林仓。

　　冬日的寒风，阻挡不住向往拉萨的人的脚步，林仓的院子里，格外温暖，迎来送往中，伴着微笑，轻轻说着"你好""再见"。

2.从"夏扎庄园"走向"夏扎大院"

海深时见鲸,林深时见鹿。拉萨的繁华深处,也隐匿着许多美好的去处。如果你正感受完大昭寺的肃穆庄和,那么,等你出来之后,再顺着转经道沿鲁普三巷的路口走去,就会有一座庄园出现在眼前。

这座庄园名为"夏扎庄园",如今已经成为"夏扎大院"了。"夏扎"是这座宅子主人的名字,这曾是一个在西藏十分显赫的家族——夏扎家族——原名叫"夏扎俄巴"。这个家族的历史可以追溯到吐蕃赞普时期。

1775年,夏扎家族的基业创立者夏扎俄巴·贡嘎班觉出任雪甘宗的宗本。

1788年,他前往拉萨,担任噶仲,也就是秘书一职。后来,廓尔喀侵犯西藏领土,清朝政府派大将福康安御敌,福康安得到了贡嘎班觉的帮助,此战之后,福康安将贡嘎班觉的功绩上报朝廷,最终,中央政府任命贡嘎班觉为噶伦。

1794年,贡嘎班觉的长子顿珠多吉像他的父亲一样,也担任了噶仲一职,后来,他又被任命为协尔邦(即检察长或审判官)。最终,顿珠多吉在贡嘎班觉去世之后,子承父职,成为噶伦。顿珠多吉就是夏扎庄园的创建者,夏扎庄园是他的私人宅邸。

这座宅子从修建伊始,便历经了各种故事,它静默地看着这一切,蓦然回首之时,已然过了两百年的时光。

夏扎大院的模样,是典型的贵族宅邸制式,四合院的格局,藏式平顶,路上铺着石板,栏杆和楼梯是低调的朱红,门窗上是吉祥的图案……在这样一个地方,我们容易走过时间,幻想那些西藏贵族们曾经的生活。

直到西藏和平解放前,光是侍奉夏扎家族的仆佣就有几十人,他们都有各自的职务。主人家出门在外的时候,有船夫、马夫等跟随,方便各处行走;饮食上,喝酒时有自家的酿酒人,吃饭时有厨师,还有专门负责做汉族食物的厨师,还有管饮茶的司茶;家族管理上,更是有管家、秘书、仓库管理员,等等。在这样的家族里,大事小情都有相应的人处理。

时间是最无情的,当初的夏扎庄园也曾有过辉煌壮观的时刻,然而,终究在岁月的风吹雨打中,显露出凋零的衰颓。如今的夏扎大院是政府维修后的模样。维修前,这座宅子已经出现了多处坍塌、腐烂的情况,维修人员参考了若干文献和照片，才有了如今重现盛景的古宅。2010年，西藏自治区财政厅拨款1200多万元人民币，以"修旧如旧"的原则修缮夏扎庄园，修缮面积达5276平方米。曾经破败的夏扎庄园，在新时代里焕发了新的生命，成为"中国唐卡之都"唐卡画院所在地的夏扎大院。

2016年9月10日15点，中国西藏旅游文化国际博览会·第三届中国唐卡艺术节开幕式暨精品展仪式，在夏扎大院举行。这次艺术节有三大主题，分别是"中国唐卡艺术节精品展""中国唐卡艺术节交易展"和"中国唐卡艺术节高端论坛"，其中的精品展就是在夏扎大院免费开放，邂逅了自己心仪的唐卡作品，还可以直接交易。此时，拉萨的古建大院和文化遗产，夏扎大院和唐卡这两个历史宝藏，在政府的推动下，在现代声、光仪器的展现中，交融在一起，汇集成一场艺术盛宴。

夏扎大院，在风雨兼程之中，讲述了它曾经关于夏扎家族的故事，也在新时代中，开启了自己的历史文化之旅。

第二章 园林：清凉之地清凉心

城市里的喧嚣也会让人有疲惫的时候，于是，人们在朝阳来临的时候，便前往一片绿意盎然的地方，罗布林卡、宗角禄康，唱歌、跳舞、打太极，看花、看树、看藏戏。所有人的欣欣鼓舞与蓬勃朝气，就融入了这方天地之中，成为这些园林的一部分。

●一路向西，罗布林卡（上）●

红山之上的布达拉宫，八廓街中央的大昭寺，在苍穹与群山的环绕下，守望着拉萨的日与夜。四季如同转经轮一般轮转，拉萨的风里，也带着藏族人民欢快的歌。

1. 美在无尽绿意间

这阵风走过街道，抚过人群，带着令人快活的凉爽，吹向了布达拉宫的西方。不远处就是一座园林，既带着江南园林的模样，有几分软糯旖旎，也有着藏族风情的大气古朴，是一座风光无限的好去处。

拉萨人爱着它，爱它的一草一木，爱它的一砖一瓦，所以，那里的风便响彻了它的名字——罗布林卡、罗布林卡、罗布林卡。

罗布林卡，意思为"宝贝林园"。罗布林卡的年岁可以追溯到18世纪初，也就是七世达赖喇嘛的时候，此后，历代的达赖喇嘛都对罗布林卡进行了不同程度的修葺和扩建。所以，罗布林卡不是一朝一夕的作品，而是历经时光的艺术品。园林里的亭台楼阁、宫殿佛殿等修建于不同时期，却在今天呈现出一副和谐美好的模样。它走过漫长的岁月，成就了如今的美景——占地360万平方米，大小房间400多套。大量的花草树木将罗布林卡填充成一个"高原植物园"，人们将罗布林卡称为达赖喇嘛的夏宫，也正是因为这里是夏日中的避暑胜地。

罗布林卡不像布达拉宫和大昭寺那样熙熙攘攘，与那种市中心的商业气息相比，这里多了一些"蝉噪林逾静，鸟鸣山更幽"的宁静。来这儿的游客不比市中心的多，大多都是当地的老百姓。不知是否是茶余饭后，来这里享受惬意时光。

进了园林，如果不想要那种走马观花式的观光的话，那么，无论是请一位讲解员相随，还是租一个自动讲解器，都是很好的办法。于是，每到一处宫殿，我们就能了解那里发生的故事；每瞧一处壁画，我们就能知道它的历史。这样，人在画中游，也在文化中畅游。

2."宫殿"的记忆

罗布林卡带着它的乱花渐欲迷人眼，冲击着来此之人的眼和心，其实，要认识这里不难，这个园林自有它的构造。罗布林卡主要由格桑颇章、金色颇章、达旦明久颇章、措吉颇章等组成，"颇章"的意思就是宫殿。

格桑颇章

18世纪的时候，格桑颇章建成。格桑颇章没有过多华丽精致的修饰，带着一种厚重历史的朴素，走过了此后的岁月苍然。很少有人知道，格桑颇章刚开始修建的时候，那里是有多么荒芜。在那样一片荆棘丛生的土地上，一座洗尽铅华的低调建筑就这样成型了。罗布林卡的步伐没有停止，它经过了华美的宫殿和悠然的亭台楼阁，回眸时，还有一座格桑颇章屹立此处，成为它回首往事的初衷。和后面修筑起来的金色颇章、达旦明久颇章相比，格桑颇章像一个沉稳的老人，目睹着罗布林卡的日渐繁荣盛大，每一处林荫小道，每一次春暖花开，格桑颇章都没有错过。

金色颇章

20世纪初的钟声敲响了，罗布林卡的西面，金色颇章展现着它的傲人身姿与非凡气度。这栋带着院子的三层建筑，有着贵族宅院的气质。它像是一轮圆满的明月，展示着它在罗布林卡中最华丽、最宏伟的身份。与它相近的曲敏确杰和格桑德吉，则如星辰一般，与金色颇章交相辉映。金色颇章带着典型藏族样式建筑的雄伟雍容，而湖心亭的风光，花草树木的掩映，湖面上波光粼粼的旖旎……给这份奢华之中添了一丝温柔的情致。

达旦明久颇章

达旦明久颇章是罗布林卡中最宏伟的建筑，也是最年轻的建筑，修建时间就在1954—1956年。这座两层的平顶建筑，与其他宫殿群相比，最巧妙的地方就在于它与自然的融合，它没有立墙与自然环境做一个分割，而是直接呈现在天空、大地、花草之中。达旦明久颇章是罗布林卡中的"新鲜人"，所以，它的设计和思想都带着新时代的属性。它的承重设计不是使用柱子，而是直接采用钢梁。钢架玻璃窗，让更多明媚的阳光投进了室内，而室内空间也因这种通透感，似乎能够拓展到室外。达旦明久颇章既有藏族传统的设计，也有现代工业的风味。

措吉颇章

如果说罗布林卡有一个魂魄的话，那必定是措吉颇章。措吉颇章带着那种熟悉又陌生的"江南风味"，身姿美好地走入了人们的视野。江南园林是中国古典园林的佼佼者，园境、山水、禅意都巧妙地结合在一起，小小的园林融合了哲学、佛学、思想、画技等各种文化元素。走几步，便是曲径通幽；行几回，就是柳暗花明。在雪域之上，措吉颇章成为一个文化融合的典范。它把那种江南园林的气韵和藏式建筑的风格结合了起来，形成了一座独一无二的藏式园林，既有小桥流水人家，又有白墙金顶，如此一来，草木砖瓦之间，既有了江南小调的柔婉多情，也有了高原歌声的嘹亮雄壮。

● 一路向西，罗布林卡（下）●

罗布林卡是世界文化遗产之一，悠久的历史就是世界赋予它的最好的礼物，罗布林卡这座宝贝园林里，也藏着无数的宝贝。

1.宝贝园林的宝贝

截至2019年8月，罗布林卡的普查文物中就有25件（套）国家一级文物、948件（套）国家二级文物，种类丰富、数量繁多。在1300年的时光中，罗布林卡保存着大量的佛造像、古籍经书、唐卡、瓷器、铜器等。

而罗布林卡的壁画更是世界一绝。比如，达旦明久颇章的斯喜堆古殿，墙上的壁画就是一幅西藏历史的发展图。这组壁画的创作时间是1956年，主画师是西藏勉唐画派著名画师甘丹康桑·索朗仁青。勉唐画派是藏族地区的一个绘画流派，主要以拉萨为活动中心，创始人是赞普时代的勉拉·顿珠嘉措,其风格是色彩明艳、线条工整。这幅壁画描述的场景,记录了西藏从古代走向近代的历史,包括了藏族起源的故事,各个政权与宗教派别的更迭,汉藏民族关系的发展等等,可以称得上西藏最完整的历史壁画。

故事之间既相互独立,又有一定的脉络联系。明亮鲜艳的颜色,仿佛拨开历史尘埃的双手。在壁画里,我们能看见文成公主,看见莲花生大师,看见大昭寺,看见五世达赖喇嘛觐见顺治皇帝。墙壁上的花鸟虫鱼、一草一木、亭台楼阁,似乎都要从浓烈的色彩中溢出来,活过来。于是,曾经的历史不再是古籍上的寥寥数语,也不再是现代历史书上的白纸黑字,而是生动形象的人物,是活灵活现的建筑,是美不胜收的风景。它们被描绘在罗布林卡的墙壁上,在历史的长河中,等待着自己成为历史的见证。

2.当罗布林卡邂逅雪顿节

每到雪顿节的这七天,罗布林卡就显出别样的热闹,每天都有藏戏看。2018年的时候,就有11支民间藏戏队伍、300多位民间艺人在罗布林卡和宗角禄康进行表演。无论是表演者,还是观看者,他们都来自西藏不同的地方,拉萨、日喀则、昌都、山南。

这些天里,大家都带着一应用具、点心,在罗布林卡的树荫下选一处好地方,把毯子铺开,再把酥油茶、青稞酒、小点心等一一摆上。亲朋好友三五成群地围坐一团,这几个聊聊天,那几个打打牌。来的人越来越多,虽然有些拥挤,却并不杂乱。遇上熟悉的人,上前交谈一番,不熟悉的也能够聊上几句,彼此送一些吃食。太阳大了就撑上几把伞,树木间有漏下日头的地方,显得格外明亮。一群人聊得高兴了,还会唱上几句,甚至跳一下舞。

等到藏戏上演的时候,大家就都围坐一圈看去了。罗布林卡的藏戏队伍总是最专业最齐全的。七天里,罗布林卡的藏戏基本不会重复,每一天都有新节目,表演的人专业,观看的人开心,一群人欢欢喜喜的,一直玩到下午五点。就这样,一连七天,在欢声笑语中,罗布林卡充满了快活的气氛。这个素日里宁静而清凉的地方,多了一份温暖的喜气洋洋。

除了在罗布林卡和宗角禄康演藏戏,雪顿节还有其他很多节目,如纳木错徒步大会、雪顿节的文艺晚会,尤其是雪顿节的美食展,咖喱饭、牛肉饼、酸奶等当地特色小吃会让国内外的游客都切实地感受了一把"拉萨风味"。

　　自从1994年拉萨市委、市政府主办雪顿节以来,这个有着悠久历史的节日,就在新时代的描绘中,被赋予了更加亲民、互动、大众、美好的含义,能够让国内外所有人都参与到这个欢快的节日里。灿烂多彩的民俗文化与新时代的现代生活相互交融,孕育出了更有生命力的、多彩的民俗文化。

3. 高原之上的花房

　　临近2019年的雪顿节,为了营造欢欣热闹的氛围,罗布林卡添置了3万盆鲜花,有黄色的万寿菊、紫色的矮牵牛花、红色的绣球花……在这次花卉展上,还添加了藏戏脸谱和吉祥物,盎然绿意和文化氛围交融在一起。于是,罗布林卡便成了色彩的海洋,成为拉萨的"花房"。

　　其实,每年从5月开始至10月中旬,都会有数万盆鲜花装点着罗布林卡。为了能让争奇斗艳的场景,被更多的人更长久地看到,在更早的时间,罗布林卡的园林工人就开始培育花苗了。

　　3月时节,正是暖阳四溢的时候,罗布林卡花房里,新试种的杂交石竹以及翠蝶,正用被子捂着,现在的温度对它来说还有些低,为了不冻伤植株,就给它盖床被子保暖;花房外面,古代稀、勿忘我、孔雀草、香雪球的小小的嫩芽正在沐浴阳光,用不了多久,它们就能长出五彩缤纷的花朵来;三色堇在温棚里,已经开花了,它们就要被换进更大的花盆中,继续成长。

罗布林卡的花,迎接着从四面八方而来的人们。有些在外地花期已经过了的鲜花,在这里依旧盛开着,还有更多游客们叫不出名儿的花朵,也在等待着人们的相识相知。

所以,罗布林卡,是宝贝园林,是历史宫殿,是庆典场所,是高原花房……它的美好在于它在任何时代,都与当时的氛围相得益彰。

新时代的春风,吹进了罗布林卡,这个曾经的达赖喇嘛的夏宫,如今也成为普通老百姓纳凉谈天的地方。那么多人走过这里,不说话,只是笑着,也感谢着这阵清凉之风的到来。美好时光就在此刻,美好时光就在罗布林卡。

● 宗角禄康:龙神徜徉的地方 ●

寒冬时节,一群越冬的候鸟划过碧蓝的天空,那优雅的姿态,仿佛蓝丝绒上的珍珠。那是一群斑头雁,它们振翅飞过拉萨,在天空的映衬下,或恣意飞翔,或休憩水面,人们远远地看着,仿佛期待这群鸟儿能引吭高歌。

这样的景色,是宗角禄康公园的一道风景线。人们驻足此处,为美景所倾醉,连同那些关于此处的传说,也在人们的心里走过。

1.宗角禄康,借水而居

龙王潭,藏语称为"宗角禄康",它位于拉萨市中心,是一处时常洋溢着鸟语花香的公园。站在这里,抬眼望去,就可以看见高高耸立在苍穹之下的布达拉宫。两处伟大的建筑群遥相呼应,似乎在诉说着千百年来,它们所目睹的沧海桑田。

园林中心有一处潭水,潭水并非天然形成,而是人工开凿。相传,五世达赖喇嘛洛桑嘉措在重建布达拉宫时,从山下取土,日积月累,山脚之下便有了一处水潭。

龙王潭的中心有一座小岛,岛上有一间小庙宇,在波光粼粼之中,在绿树环绕之下,自有一种庄严,那就是"龙王阁"(当地人主要称为"龙王庙")。

  龙王阁的建筑规模一共有四层，第一层有回楼大殿，四面各有一间小殿，此处供奉着龙王鲁旺杰波，关于鲁旺杰波，一说是释迦牟尼的化身，一说是观音菩萨的化身；第二层和第三层的布局基本相同，都是一间四柱厅，第二层供奉的就是龙女墨竹色青，龙女左侧为仓央嘉措，右侧为莲花生大师。第三层是历代达赖喇嘛的静修密室，墙壁上布满了壁画，主要是气功和脉络画；顶层是六角形圆木结构，有中原风格的鎏金顶，顶层四端皆有一只铜龙，铜龙脖挂一只铜铃，风过处，叮当作响。

  此后，八世达赖喇嘛强白嘉措重新修葺了龙王潭，将保法大天王和宝瓶坛城供奉于殿中，据说这是当年的文成公主所有物。之后的十三世达赖喇嘛也对龙王潭进行过整修。

  中华人民共和国成立后，我国政府更是注重对西藏地区文物文化的保护。比如，龙王潭南大门有两座石碑，一座是《御制平定西藏碑》，碑文记录了清康熙六十年（1721）平定蒙古准格尔部侵扰西藏地区的历史；另一座是《御制十全记碑》，记录的是清乾隆五十七年（1792）清朝派兵驱逐廓尔喀入侵的历史。《御制十全记碑》原本位于布达拉宫前，为了保护石碑文物，后被移置于龙王潭。

2.墨竹色青的传说

我们说宗角禄康,乍听有种枯燥而深邃的权威气息。其实,这里是一个温暖的地方,就像龙王阁里供奉的龙神,就有一个充满了善良和美好的故事。

龙王阁供奉的龙神墨竹色青是一位龙女。传说,她原本是苯教的神,后来皈依佛教。

这位龙女有着端庄美好的容颜,眉目之间飘扬着慈悲柔情。她以蛇为练,美丽中透着锐利的刚强。她的美丽和力量,让人们对她尊崇不已,敬拜者络绎不绝,直到今天,龙王阁仍旧是香火不断。

据说,有一天,五世达赖喇嘛走出寝宫,极目远眺的时候,看见了墨竹色青。这位龙女正休憩在一棵柳树上,被寒凉的天气冻得瑟瑟发抖。原来,这位龙女是来拉萨朝拜佛祖,却根本没有栖身之地,只能在天寒地冻的时候找一棵柳树歇息。五世达赖喇嘛思及此,心中惭愧不已。于是,他将布达拉宫北面的一块荒地开凿成人工湖,并在湖上修建了精巧的龙王阁,来供奉这位潜心朝佛的龙女。

而拉萨人民向这位龙女表达敬意的方式,就是在藏历的萨嘎达瓦节[①]上盛装出席,载歌载舞,向龙女墨竹色青祈求美好的生活。

3.一个清歌乐舞的地方

人们爱一个地方,往往是因为这个地方填充了自己的生活和回忆,如果说千百年前的回忆只是一串人们珍而爱之的古董珍珠,那么,现在的回忆就是孕育中的生命之珠,璀璨而有活力。

2006年,拉萨市政府对宗角禄康公园重新进行了规划和彻底整治,在保持原风貌的基础上,划分出民俗活动区、生态水景区、龙潭胜迹区、亲水活动区、文化活动区等五个景区,结合文物保护和城市旅游的主题,让宗角禄康换上了一身新衣。尤其是位于公园西南角的民族活动区,有一座六角亭,更是欣赏公园美景的制高点。

正如拉萨的每一处都有歌声和舞蹈,藏族民间舞蹈"锅庄"在宗角禄康公园里也翩然而起。

每天上午九点半到十点半,几千人的锅庄舞会就在这里举行开来,喜好

[①] 萨嘎达瓦节:时间为藏历四月十五日,是藏传佛教的重要节日。

健身的市民们聚集在一起，于绿荫环绕中，围成圈，灿烂的笑容如同天上的日头一样明媚，透着一股自在生活的喜悦。其中一位参与者——穿着运动鞋和运动服的洛珍——边做着拉伸运动边说："我很喜欢跳锅庄舞，平时休息的时候，就过来跟大家一起跳舞，既能锻炼身体，又能认识很多志同道合的朋友。大家一起聊天跳舞是件很开心的事。"

公园里，不仅锅庄舞引人注意，优美的"朗玛堆谐"也让人移不开目光。

"朗玛"是一种结合了唱歌和舞蹈的表演艺术，盛行于拉萨，后来逐渐传播到西藏其他地区。过去，朗玛只供上层人群观看。现在，它则是普通老百姓也能观看的艺术了。

年过六旬的德吉说："曾经只有贵族可以欣赏的歌舞，如今在党和政府的关心重视下，我们老百姓只要想学随时都可以学。我已经跟尼玛仓曲老师学了一年，他是拉萨堆谐传承队朗玛堆谐指导老师，在这一行已经干了40多年。我现在也终于毕业啦。"这位老人还说，他还有一个理想，就是登上更大的舞台，将西藏的传统艺术表演给更多人看。

在宗角禄康里，锅庄舞和朗玛堆谐确实是一道风景，但是，人民的欢声笑语却点缀在公园的各个角落，一如过冬的候鸟，各自有各自的快乐。

拉姆，是一位练了多年杨氏太极拳的"老师傅"了，趁着阳光大好，她一般都会早早地来到公园里。她不是自己一个人来的，而带着一群学生，大家找到了地方，就摆开阵势，开始练太极拳了。她总是说，要早点来，要不然，来公园锻炼的人太多了，晚了就没有位置了。

或许，某一天，我们来到宗角禄康。那一天，阳光明媚，一些人穿着日常服装，一些人穿着民族服饰，一些人跳着锅庄舞，一些人打着太极拳，一些人练着瑜伽，一些人跳着健美体操，一些人用上了公园里的体育器材，一些人带着孩子和宠物悠闲地散步……

又是一个美好的早晨，在这明亮的宗角禄康。

历史因为继承和创新而有生命力，宗角禄康，是鸟儿的乐园，也是市民的乐园，有神佛的传说，也有现实的历史。它在人们的歌声和舞蹈中，在蓝天白云、青山绿水的装点中，在悠久的历史痕迹中，会走向更远的地方。

第四篇
DI SI PIAN
肆
拉萨河上，信仰之间

拉萨，是一曲和谐的奏鸣曲。

信仰，在此处，面朝山川，春暖花开。

　　这里的佛寺，飘荡着袅袅桑烟，信徒们来到这里，许下人间安稳的心愿。甘丹寺、哲蚌寺、色拉寺，拉萨著名的三大名寺，不可不知。木如寺的民居日常，石窟寺的自然一体，也是阳光下的一道绝美风景。还有关帝拉康的桃花，汉族的英雄和藏族的英雄，都在这里受到供奉。苯教寺庙美吴·伦珠通门林寺的阿嘎土中，镶嵌的不仅是宝石，更是信徒的虔诚。清真寺里，回族同胞也在春天找到一处欢歌之地。

　　日光城，离太阳最近的地方。拉萨，如同春天，万物生长，百花齐放。

第一章　圣城的一段般若时光

当佛音在圣城拉萨响起，如同佛祖手上拈的那枝莲花，独有清香。寺院里有诵经声，有辩经声，有信徒虔诚的心意，有金顶，有红白的墙，有经幡，有佛像，有煨桑炉，有酥油灯的光，有桑烟和佛香的味道……

这里是拉萨，一个让人心里会情不自禁安静的地方。

●"天上的太阳"甘丹寺●

拉萨达孜有一座旺波日山，这座海拔3800米的大山，就在拉萨河的南岸。旺波日山恍若一头巡游的大象，承载着辉煌而庞大的寺庙建筑群。这些寺庙依山而建，展现了藏族人民恍若天成的建筑技巧，又表现出藏传佛教寺庙因地制宜的实用和自然。甘丹寺就坐落在这里，青山之上，蓝天之下，红白相间的建筑显得格外醒目和神秘。

1. 行走甘丹寺

甘丹寺，是藏传佛教格鲁派的六大寺之首，全称直译是"喜足尊胜洲"。1409年，甘丹寺由藏传佛教格鲁派创始人宗喀巴修建，可以被称为格鲁派的祖寺。该寺与其后修建的哲蚌寺、色拉寺合称拉萨"三大寺"。宗喀巴就是第一任甘丹赤巴，他的继承人、历世格鲁派主持甘丹赤巴也都居于此寺，甘丹赤巴的地位仅次于达赖喇嘛和班禅。寺内还保存着历代甘丹赤巴的灵塔九十余座，并藏有许多明代以来的文物和工艺品。

甘丹寺在海拔4200米的山坡上展示着自己的傲人风采，这个占地面积15万平方米、修筑面积7.75万平方米的地方成了雪域建筑的一个代表。甘丹寺的建筑共有121幢，分别包括大殿、扎仓、康村、米村、佛堂、僧舍等。1409年，达孜宗本索南多杰资助修建了措钦大殿，以供僧人们聚会诵经。同拉萨其他的寺庙建筑群一样，甘丹寺如今的规模并不是一个时期同时完成，

116

而是历代累积的结果。1749年，久美多杰扩建了寺庙，才有了如今的恢宏。

占地1600平方米的大殿，足以容纳3500名僧人，我们可以想象，这些僧人同时诵经的场景，震撼而宁静。经文在大殿中回响，弥漫着一种虔诚而安然的氛围。

大殿有三层，主要供奉着弥勒佛佛像和宗喀巴大师三尊等身像。措钦大殿的左侧是主要的护法神殿，因为殿内有一块据说是从印度阳巴坚飞来的巨石，所以神殿名为"阳巴坚"。阳巴坚差不多800平方米，72根木柱，格局有四层。1409年开始动工的阳巴坚，足足修了7年时间，直到1416年才基本完成，而在将近200年后的1610年，四世班禅洛桑曲吉坚赞为这里加盖了金顶。阳巴坚里有一件盔甲，这套盔甲为乾隆皇帝所有。在乾隆二十二年（1757）七月，乾隆皇帝将这件盔甲送到西藏，供在宗喀巴的灵塔前。

和阳巴坚相邻相依的是面积差不多360平方米的灵塔殿司东康，这里存放着宗喀巴和历任甘丹赤巴的灵塔，司东康是宗喀巴的大弟子贾曹杰等人修建。宗喀巴和历任甘丹赤巴就在甘丹寺的赤多康休憩，这里就是他们的卧室，又因为这里还保存着宗喀巴和历任甘丹赤巴的衣物，所以，也被称为"存衣殿"。

甘丹寺有两个扎仓，扎仓是隶属于寺院的学院机构，扎仓下还设有康村。这两个扎仓分别是宗喀巴弟子夏尔巴仁钦坚赞修建的夏孜扎仓和宗喀巴弟子南喀贝桑修建的降孜扎仓。夏孜扎仓有11个康村，降孜扎仓有12个康村。每个康村几乎都有一个二层楼的小经堂，差不多都超过400平方米。同时，一些康村下还设有米村，加起来差不多有20多个，米村是寺庙最基础的管理机构。

2. 盛大的甘丹绣塘节

甘丹寺本身就是一件艺术瑰宝，寺庙中的珍品也不胜枚举。比如，明朝永乐皇帝赐了24幅锦缎绣塘给大慈法王释迦益西，锦缎分别有释迦牟尼、四大天王、十八罗汉等。后来，大慈法王又将这些锦缎转赠给宗喀巴。每年藏历正月，这些锦缎都要展示三周，被称为"甘丹绣塘节"。

甘丹绣塘节这一天的清晨，寺里的僧人们开始诵经，诵经声祥和而安宁，诵经完毕，就有僧人抬着大唐卡到展佛台上。红色的展佛台上，几十米长的大唐卡，在白塔、金顶、蓝天、青砖中，成为一道独特的风景。远远

地，便能瞧见唐卡上的佛祖。信徒也好，游客也好，大家争相往前凑，都想要一睹这些锦缎的风采。

晒佛，是藏传佛教的一种宗教仪式。拉萨的很多寺庙里面都供奉着制作精良的唐卡，择一吉日，将唐卡展露于人前，让信徒得以观瞻，僧人、俗众共襄盛事。

清晨的雾气笼罩在山上，第一缕阳光破开云层，照耀在甘丹寺的上空，巨型的唐卡也沐浴在微风和暖阳之中。晴好的日子，阳光遍布在唐卡之上，有一种交融的金色在唐卡上涌动。来共度盛事的众人献上自己的哈达，连同追求美好的真心。

其实，从科学角度来说，一年一度的唐卡展示，也有杀菌除虫的功效。那些历经岁月沧桑的锦缎，之所以能够保存百年，或许和这份用心、坚持也有关系。锦缎如此，寺庙亦如此。

1961年，国务院公布甘丹寺为第一批全国重点文物保护单位。1993年至1997年，国家和自治区拨款2600万元，开展了文物保护维修工作。2011年国家又将甘丹寺保护维修工程列入自治区"十二五"重点文物保护工程项目规划，安排资金2994万元，对甘丹寺文物再次进行全面保护和维修。2018年，国家投资3000多万元用于加固维修措钦大殿，并为各大殿堂配备消防设施。

如今的甘丹寺正在重现它昔日的美好。

●哲蚌寺：菩提此处来●

拉萨西郊根培乌孜山的南山坳，哲蚌寺就坐落在此处。1416年，宗喀巴的弟子嘉央曲杰修建了这座寺庙，而在17世纪的时候，五世达赖喇嘛在哲蚌寺建立了甘丹颇章地方政权，让这座寺庙一度成为西藏的政治中心。哲蚌，藏语意为"米聚"，象征着繁荣，而寺院鳞次栉比的建筑也如米堆一般分布在山上。

1.哲蚌寺游记

哲蚌寺是面积最大的格鲁派寺院，建筑主要分为措钦大殿、四大扎仓、甘丹颇章和五十余个康村。哲蚌寺里收藏的珍宝琳琅满目，从宋朝到清朝的瓷器，明清的唐卡，宗喀巴师徒的手抄佛经，顺治皇帝赐给五世达赖喇嘛的文殊铜镜。

寺庙的中央是措钦大殿，4500平方米的空间可以容纳7000人。1800平方米的经堂，由183根柱子支撑。大殿之内，帷幔交错，气氛庄严。大殿后有堆松拉康、米旺拉康、伦崩拉康。去往二层，便是甘丹拉康，这里储藏了很多珍藏本，如清朝康熙时期的木刻经文、第巴洛桑土丹为达赖喇嘛祝寿的金字抄录《甘珠尔》佛经。再往上去，就是大殿的第三层，这里供奉着一尊弥勒佛铜像，是弥勒佛8岁像，被称为"强巴通罩"。在第四层则供奉着一尊500两银子所制的释迦牟尼像，周边是13座银塔。

寺内的扎仓分别有洛色林、贡玛、德央、阿巴，由最初的七个扎仓合并而成，扎仓里都有经堂和佛殿。洛色林扎仓是寺里最大的扎仓，贡玛扎仓其次，德央扎仓最小，这三个都是显宗扎仓，而阿巴扎仓则是密宗扎仓。僧人在其他扎仓学习显宗，经过考核选拔后的人才能进入阿巴扎仓。

哲蚌寺的甘丹颇章，是二世达赖喇嘛到五世达赖喇嘛移居布达拉宫之前的寝宫。尤其是在五世达赖喇嘛时期，哲蚌寺的政治地位上升。甘丹颇章的主要构造是主体大楼、大院、小院等。主体大楼是一个三层建筑，位置靠后，主要用来处理各种事务。大院在后，小院在前，大院有明廊、住房，小院有办公用房。

2. 雪顿节的序幕

藏历七月初一到初七的七天，是藏族人民的雪顿节。在佛教传统中，为了避免外出踩踏到昆虫之类的生灵，僧人在这个时节选择闭关修行。闭关结束后，信众们就会向僧人敬献酸奶，表达自己对僧人们虔诚之心的敬意。同时，在节日开始的七天里，拉萨地区会有各种节庆活动，包括展佛、文体活动、藏戏会演等，其中的展佛活动十分隆重。所以，雪顿节也被称为"酸奶节""藏戏节""晒佛节"。而雪顿节主要在哲蚌寺、布达拉宫和罗布林卡三个地方举行。

雪顿节的序曲，就是哲蚌寺的展佛活动。和甘丹寺的甘丹绣塘节一样，哲蚌寺的展佛活动也是在展佛台展示巨幅唐卡。

早在凌晨的时候，哲蚌寺就已经排满了人，天光破晓的时候，法号的声

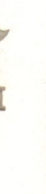

音响起，在崇山峻岭间回荡着，恍若一种天地之间的应答。大殿内，桑烟氤氲开来，僧人们请出了三十余米的唐卡，抬着它，走向静候的人们。百人的队伍走过转经道，来到展佛台。在众人瞩目中，巨幅唐卡露出真容，释迦牟尼的慈悲面庞展露了出来。人们诵经、祈福、捻动手中的串珠。

顿珠老人是哲蚌寺山脚下当巴社区的居民，他凌晨六点就来到了哲蚌寺，对于这个年纪的人来说，早早地徒步赶到寺庙中，还要同一群人挤在一起，已经有些吃力，但他仍旧十分高兴。来参加雪顿节的人很多，信众们会带着祝福众生的祈愿，虔诚地献上哈达。

此后，热闹的藏戏便开演了。藏戏中的锣鼓声，信众的诵经声，甚至还有流行歌曲的声音，所有的声音汇聚在一起，欢快而美妙。然后，众人相携着再去罗布林卡、宗角禄康看藏戏。

哲蚌寺在雪顿节这一日的展佛，如同春节的第一声爆竹。一年一度的灿烂烟火点缀了天空，就像大地之上的巨幅唐卡。人们带着美好的心愿而来，在欢欣鼓舞的快乐中活动着、娱乐着，然后，带着美好的心愿离去。

这是一场信仰与艺术的盛典，从哲蚌寺而来，在雪顿节，走入人心。

● 色拉寺：一场别开生面的辩经 ●

色拉寺全称"色拉大乘寺"。色拉寺的修建时间是1419年，修建人是宗喀巴的弟子释迦益西，位置就在拉萨北郊色拉乌孜山麓。整个寺院面积多达114964平方米，由措钦大殿、歇扎仓、麦扎仓、阿巴扎仓，以及33个康村组成。色拉寺中的佛像、壁画、唐卡、经书、法器等，在历史研究和审美意义上都很有价值。色拉寺也曾遭受过破坏，西藏和平解放后，国家和当地政府也十分重视对色拉寺的维修保护。

1. 走向色拉寺

关于色拉寺这个名字的来源有两种说法。一种说法是，色拉寺在建寺之前，乌孜山麓开满了野生的玫瑰花，而野玫瑰的藏语发音正是"色拉"。另一种说法是：色拉寺在奠基兴建的时候，突然下了一场冰雹，这场冰雹十分猛烈，冰雹在藏语中的发音也是"色拉"。

色拉寺的东北部是1710年拉藏汗资助修建的措钦大殿，距今已经有三百多年的历史了。门外的前廊绘有四大天王。大殿里原本供奉的是释迦益西像，后来又在东侧供奉了一尊弥勒佛像，同时还供奉有宗喀巴师徒三尊、格日坚赞桑布等。大殿的二层是僧舍，三、四层是措钦堪布和赤巴的居室、经堂和拉吉办公的场所，还有达赖喇嘛的居室。措钦大殿的观音殿中，保存着永乐八年（1410）在南京印制的《甘珠尔》大藏经。

吉扎仓修建于1435年，这栋四层建筑占地1702平方米。第一层有经堂和佛堂。经堂里如同其他寺庙一样，布置有帷幔、伞盖，还有唐卡，壁画上则描述了释迦牟尼和各种护法神相。经堂的第二层是面容殿和观音殿，第三层有一尊胜ီ，第四层则有达赖喇嘛讲经时的卧室，和其他人员的住房。

吉扎仓的佛堂有五座，分别是三世佛堂、且正佛殿（又称"马头明王殿"）、

弥勒佛堂、宗喀巴殿、妙音殿。吉扎仓保存有一副刻着二龙戏珠图案的铜钹，造款是"大明宣德五年内加金银造"，是宣德九年（1434）时，释迦益西朝见宣宗的御赐物。吉扎仓里还有当时西藏第九代政权领导人的各种兵器，包括盔甲、弓箭、盾牌等物。

麦扎仓是色拉寺最早的建筑，大殿内供奉着释迦牟尼铜像、未来佛、宗喀巴师徒三人、七世达赖喇嘛。阿巴扎仓则是唯一的密宗扎仓，殿内供奉着释迦益西、格日坚赞桑布、宗喀巴、十三世达赖喇嘛等。

2.辩经：一立一坐，辩看人生

色拉寺在拉萨，不如大昭寺、小昭寺那般热闹，但是，也有它自己独特的风景。

辩经，是一种喇嘛之间切磋佛法、辩论佛教教义的形式，其逻辑推理按照因明学体系来。因明学，简单来说是一种发展于古印度的逻辑学。

下午三点左右，阳光有些强烈，浓密的树荫下露出了斑驳的光点。不过，树木繁茂，树下还是有几分凉爽。这个时候，穿着绛色长袍的僧人们纷纷来到树下。一群人开始三五成群地分为几拨。

辩经，正式开始了。辩经双方并不拘泥人数，或者是一个对一个，或者是一个对数个。站着的一方是发问者，席地而坐的一方是答辩人。两方人马的辩经过程并非和颜悦色，发问者随着自己问出的问题，表现出丰富的面部表情和肢体语言，他们的声音激昂而有韵律，即便是不懂藏语的游客，也能从那样的语调中感受到他们对辩论的认真和对佛法的虔诚。发问者时而怒目皱眉，时而挥手跺脚，手上的佛珠随着他们的身体在空中挥飞舞动。夸张的动作并不是刻意的表演，而是整个人已经进入佛法探讨的深刻境界，他们的眼中已经没有了来往的游客，只有和自己辩经的对象。而他们口中也只剩下对佛法的探究，这种忘我的思考，让他们无暇顾及其他。

阳光下的僧人们，或露出笑脸，或深思皱眉，或激动发问……他们已然身处另一个时空。他们对信仰的探索，让他们碰撞出思考的火花。参天古木之下，每一个僧人如同一朵火红的莲花，开放在某个明亮的晌午之后。

● 木如寺：藏于民居的静谧 ●

十一黄金周的时候，很多人都前往拉萨，有人去享受纯美的风景，有人去感受不一样的生活，有人则选在这天带上恋人去拍艺术照。所以，八廓街的影楼从不缺这样的生意。即便车辆、餐费、服化等费用颇不便宜，但影楼的档期还是排得满满的。在罗布林卡、八廓街里，有人穿着藏族礼服拍结婚照，当然，还有一处地方，它十分隐秘，却又迎接着慕名而来的人群。

那里就是——木如寺。

1.木如寺的寺水流年

木如寺的名气不比大昭寺和小昭寺，却也是一处感受拉萨风情的好去处。木如寺位于八廓街北面的北京路上。据说，木如寺最开始修建的时候，附近并没有民居，后来，四起的房子也逐渐以木如寺为中心建立了起来。这样的建筑模式，让木如寺多了几分僧俗和同的氛围。

木如寺不需要门票，安安静静的，有种回家的亲切感。这里也并没有富丽堂皇的装饰，没有成群结队的喇嘛和信徒。从外表看去，它似乎融入了附近的民居，却又与这些民居不同。白色的墙壁痕迹斑驳，甚至能看到垒砖的痕迹，那种陈旧的色彩也不知道它到底经历了多少风吹雨打。斑驳的白色墙皮将黑色的窗户衬得愈发黯淡，窗棂也有一些老旧的质感。这是一个并不华丽的地方，充满了时光的味道。在浮躁的世界里，木如寺显得特别安静。

当我们走进木如寺的时候，或许会遇上几位喇嘛，他们见人便笑，十分可亲的样子。20世纪80年代，木如寺印经院成立了，这是西藏仅有的一家佛经印刷厂。院内以煨桑炉为界，以北是木如寺，其余则是印经院。所以，探访木如寺的时候，我们能在这座古旧的寺庙里，听到滚筒在经版上充满了节奏感的印刷声。

这里不仅有喇嘛、印经院，还有居住在此的藏族老百姓。

三层楼的民居，能看见晾晒在外面的衣服、被子，充满阳光的日子里，晾晒的衣服、被子，既干净又温暖。这里有些陈旧，有一股其他地方老院子的感觉，但是，却颇为整齐，杂而不乱。遇上不用上学的日子，一群小孩子就围在一起玩耍。孩子们皮肤晒得有些黑，但整个人精气神很足。有些孩子推着小自行车在院子里转圈，有些更小的孩子则聚在一起，乐呵呵地不知道在说些什么。大一些的男孩子则跑上屋顶玩耍，每一个人都展现着这个年纪应有的青春和活力。

这里还是花和猫的乐园。

民居里，家家户户的门前或者窗台上总是养着几盆花，盆子是最普通的花盆，花也是那种好养活的花。花朵绽放的时候，红色的、黄色的，小小的几簇开着，有种生命的新鲜感。这为陈旧而安宁的木如寺，带来一些常见却珍贵的美好。

花在阳光下有些慵懒，猫也是这样。在石阶上，或在屋檐上，猫儿懒懒地把自己团成一团，四肢收在肚皮下，软软地趴在地上。它们的眼睛眯着，一副毛茸茸、胖嘟嘟的样子。这些猫儿，有奶茶色的，有黑白花儿的，它们或这里趴一只，或那里蹲一对，也没有人赶它们走，它们也不大怕人。想换地方了，就伸展着四肢，张大嘴打一个哈欠，步子闲散地踱着，不一会儿就不知道蹿到哪里去了。

木如寺，一个充满了阳光、纸香和生活的地方。

2. 印经院的香

走过民居，经过一排转经筒，就可以看见木如寺的大殿了。大殿里供奉着佛像，墙上更是有精美的壁画。大殿里点着酥油灯，僧人们在念经。这是一片祥和的佛的世界，它巧妙地融入了凡俗之中，成为这里的一部分。

我们再去另一头的木如寺印经院看看，进门就能看到一个煨桑炉。煨桑是藏族的一种祈愿礼俗，就是焚烧松柏枝等物，燃起雾霭，以祈愿天地之神。木如寺的煨桑炉里烧着松柏枝，袅袅烟雾，冉冉地飘散开来。

印经院里既有资深的印经人，也有较年轻一些的印经工人。印经的过程十分讲究。一块经版两边，相对地坐着两个印经人。一人负责在经版上刷墨，并迅速而精准地把纸张固定在拓面上；另一人则马上用滚筒滚刷纸张，待内容印好后，快速地将纸张揭开。印经人两人一组，需要配合默契，这样，整个过程才能行云流水、一气呵成。

印经所用的经版，是用红桦木所制。制作这样的经版十分考究，取木材要选在秋天，经过烘烤和沤粪处理之后，再进行清洁。之后就可以展开水煮、烘干、抛光、刻板等一系列制作流程了。

印经院用的纸和墨也有规定。纸是藏纸，由一种带有毒性的名为"瑞香狼毒"的植物所制。这样的纸张，既能够经得起长久保存，也能够防虫防鼠。用墨上，经典经文，比如《大藏经》，一般都用朱墨，也就是用朱砂所制的墨，这是为表尊重。其余则用黑墨，比如，上等松烟墨或白桦树皮熏制的烟墨。

每次印刷之后，经版都要经过严格清理，这样才能确保不会留下朱砂或者墨迹在上面。清洗干净之后，再涂抹酥油进行保养，最后收好。百年来，木如寺的经版就是用这种方式，才能历经岁月磋磨保存下来。

通过这样的制作和印刷工艺，印经院藏有320部藏文佛经，共计12.8万块雕版。印经人格桑达瓦介绍，院内现有《甘珠尔》100部、《丹珠尔》225部，有《甘珠尔》雕版48189块，《丹珠尔》雕版65073块。

木如寺，这是一个藏在民居里的小世界。

这里有各种各样的声音，滚刷在经版上发出的"嗒嗒"声，猫儿从屋前走过几乎听不见的脚步声，小孩子们嬉闹在一起的笑声，老人们一边摇着转经筒一边口里念着六字真言"唵嘛呢叭咪吽"声……

这里也有各种各样的味道，家家户户门前开花的香味儿，晾衣绳上晒着衣服被褥的阳光味儿，从印经院里传出来的纸香和墨香，还有煨桑炉里松柏枝的木香……

这是一个美丽的地方，闪耀着安宁的微光。

● 石窟寺：以窟立寺 ●

2016年至2019年，西藏自治区文研所组织开展了三批次田野调查，主要涉及对布达拉宫法王洞、查拉鲁普石窟、查叶巴石窟、曲松拉日石窟、曲松洛村石窟、洛扎卡久寺石窟、吉隆青噶石窟、吉隆萨瓦普石窟、吉隆普日石窟、吉隆芒普石窟、拉孜石窟等全面考古调查。研究人员对上述11处石窟寺的主体洞窟、附属洞窟、附属地面建筑，以及窟内遗物进行了详尽的测绘、壁画图像采集、航拍、地形测绘等工作，共采集到AMS14C数据11份，绘制平、剖、布局详图120份，拍摄照片5000多张。通过这次对西藏中、南部11处石窟的调查，既完善了已知的西藏中、南部7处石窟的调查资料，还新发现了4处重要的石窟寺。

石窟寺是一种依山势而建造的庙宇建筑，从山崖向内开凿，石窟内有塑像或壁画。西藏的石窟寺主要集中在西藏中部拉萨和山南市、南部日喀则市，以及西部阿里地区，这三个区域的特征是，或者处于政治经济的核心地带，或者是曾经的交通要道。

1.慢走查拉路普

与布达拉宫咫尺相对的地方，有一座药王山。药王山的东侧，有座精巧的石窟寺，名为"查拉路普石窟"，又称"帕拉鲁布"。这个石窟的造型大体上是不规则的长方形，大概27平方米，石窟的石壁上有多尊造像，有松赞干布、文成公主、尺尊公主，还有大臣禄东赞、吞弥·桑布扎等人。石窟的建造时间可以追溯到松赞干布时期，始建人是茹雍妃即洁莫遵。石窟是依山而建，是洞窟式的小庙宇，中心石柱与洞窟三面壁面之间有一条转经廊。这样的形制从魏晋到隋唐比较常见，唐之后就逐渐少了很多。

1962年，十世班禅却吉坚赞出资维修石窟，1979年，土登旺久出资再次维修，隶属功德林寺。1996年，查拉路普被自治区人民政府公布为"自治区级文物保护单位"。

去石窟寺的路上，白色的墙体上有黄色的箭头，标记着前往寺内的方向。这里开着花，让本应该氛围庄严肃穆的地方，多了一份生灵的可爱，一种盎然的生机点缀着这个历史悠久的庙宇。石壁和红花，庙宇和绿叶，展现着一种颇为迥异却又相互辉映的美好。

石窟寺内的光线并没有那么充足，有些地方略有点暗淡，跳动着酥油灯的点点星火。与大昭寺、小昭寺的蓬勃生气相比，查拉普鲁更多了一份鲜少为人打扰的静谧。这里没有喧哗的人声，足以让人品味关于这个石窟寺的历史。

查拉普鲁石窟寺的开凿时间是在松赞干布年代，相传，在查拉鲁普山崖上雕刻大梵天神像的时候，给工匠们的报酬是盐，给出的条件是，凿出来一升崖粉，就给一升的盐。对于现在的很多人来说，盐并不是什么贵重东西，但是，在当时，盐是一种十分紧缺且珍贵的东西。

2.绝壁上的查叶巴寺

在拉萨，有一句谚语："到了拉萨不去查叶巴寺，好像做新衣服没领子。"可见拉萨人对查叶巴寺的爱。

查叶巴寺在离拉萨三十余公里的达孜，整座寺庙与众不同的地方是，它如同一颗明珠一样，嵌在山崖之上，仿佛一株天生天长的迎客松，容纳来自五湖四海的人。

查叶巴寺的修建时间差不多是在公元7世纪，距今也有1500年的历史了。查叶巴寺是西藏四大隐修地之一，是宁玛派寺院。

宁玛派是藏传佛教四大传承之一，"宁玛"两个字就有传统和古老的含义，因为相比于藏传佛教另外三个传承噶举派、萨迦派、格鲁派，宁玛派的确算是旧派。这一派的教法是莲花生大师所传。莲花生，公元6世纪出生于古印度乌仗那地方，后来，受赞普赤松德赞之邀来到西藏。这一路行来，就衍生了很多神话传说。

查叶巴寺主供弥勒佛，里面也有很多修行洞，洞窟的形态和规模都各有特色，里面的神像也是栩栩如生。很多高僧大德都在这里留下过痕迹，比如，莲花生大师和松赞干布。

在查叶巴寺一路走去，有些地方，被涂成白色的山壁和天上的白云相互辉映，从远处看去仿佛白云也镶嵌在了山体上，抑或山也浮在了云里；而走近了之后，白色山壁反射着阳光，即使走过洞窟，整个人也会变得沉浸而明媚起来。白墙、黑框、黄窗、红顶、金顶……这种典型的藏族风格的配色，带着几分庄严肃穆，又带着几分日光下的沉稳。有些地方则一边是被涂成黄色的建筑，一边是如低矮的护栏一般的红墙。从红墙一边可以直接俯视辽阔渺远的青山和道路，行人从这里走过，忽而有种一览众山小的感觉。

3.流水经过，帕邦喀摩崖造像

在拉萨城关区娘热乡吉索村北约400米统嘎日山南侧山腰，方向朝西、南走，有一处"帕邦喀摩崖造像"。谁又能想到，在这处海拔3688到4098米的地方，有这样的奇妙景象——造像凿刻于90度的灰白色崖壁上。14尊石刻佛像，有活佛像、绿度母、佛陀像、长寿佛等。

这些石刻的线条十分灵动，有一种迎风飘荡在空中的视觉感，造像的面庞慈和可亲，脸上的喜嗔，似乎能够传递心中之情，或慈悲，或怒目，总有一种生命感。

这里还有一条小河，流水潺潺，波光粼粼。这里的水流过山石，宁静且祥和。这里的山上，有个不一样的世界，是石刻的世界，也是佛的世界。

提到藏族人民的佛教造像，历史可追溯到佛教传入西藏之时。佛教传入吐蕃后，松赞干布时期，人们正式信奉佛教。到了赤松德赞时期，在他的支持下，吐蕃历史上第一座正规寺院——桑耶寺——建立了。桑耶寺本身就有一种集大成的美感，这和曲布桑摩崖造像的风格有一脉相承的元素。桑耶寺的主佛殿三层分别是三种不同的建筑风格，上殿是印度风格，中殿是中原风格，下殿是本地吐蕃风格。曲布桑摩崖造像也是如此，其风格在本地特色之上，也融合了印度、尼泊尔、中原的石刻美感。

百花齐放，尽在此处。

石窟寺，山石之上的佛教世界，它是信仰，也是文化，更是历史。

第二章　寺庙，在梵音外

关帝拉康的桃花，又到了开放的时候。美吴·伦珠通门林寺的信徒们，又会将寺庙内打扫干净。拉萨的清真寺，回族同胞们又到了相携郊游的时候。

拉萨，是一个充满了信仰之歌的地方，大家平和地相遇，平和地享受休憩的夜晚。每一天，都是新的一天。

● 桃花开在关帝拉康 ●

有一本名为《微观西藏》的书，用碎片式简介来展现常人不见的关于西藏和藏族人民的一面：

"西藏有些地区原始本教与藏传佛教相融相续，同一座城，一早一晚，你右向绕圈，我左向转经，共处而相安。所以，走进西藏，就要带着藏民般的包容心和平常心，撇开一切偏见来观察和思考这片土地。"[①]

"说起西藏，人们总是想起一个个转经的身影，也总是把它跟藏传佛教等同起来。但作家阿来说：'其实西藏文化内部可能更丰富，绝非一个宗教就可以把它全部覆盖。我所写过的东西，包括格萨尔王，为什么要寻找口头传统？因为口头传统包括很多非宗教的、民间的因素。'"[②]

"美国背包客Aavid：西藏的文化就扎根于茶馆这样的地方以及窗外的街头、小巷和寺庙里。尽管从外地来的生意人和西方游客随处可见，但你仍能看到出家人、朝圣者和当地人按照古老和传统的方式在生活。对我来说，拉萨不管怎么变，始终是个独特的所在。"[③]

[①] 聂晓阳：《微观西藏》，北京：商务印书馆，2012年版，第9页。
[②] 聂晓阳：《微观西藏》，北京：商务印书馆，2012年版，第20页。
[③] 聂晓阳：《微观西藏》，北京：商务印书馆，2012年版，第21页。

西藏就是这样一个地方，正因为有了藏族人民的多元与宽和，这里才能绽放如此之多的文化之花，就像河水的交融，不同的养分，总能够繁衍更多的生命。

1.关帝庙，桃花开了，石碑依旧

在拉萨，有一座关帝庙，这座并不十分宏伟的庙宇，很容易被人忽视。这座关帝庙是乾隆年间，大将军福康安修建的，因为坐落在西郊磨盘山上，所以也被称为磨盘山头关帝庙。

关帝就是关羽，这是中国人心中的战神，也是忠义的代表，都说文拜孔子，武拜关公，关帝庙是中国文化的一部分。中国人到关帝庙供奉几分香火，更多是对这位"马奔赤兔翻红雾，刀偃青龙起白云"之人物的敬佩，关羽也成为中国文化中忠义两全、能文能武的楷模。人们对关羽的敬服，更多是中国人骨子里对德行的崇尚——一位人品贵重、人生传奇的武神的推崇。

拉萨这座关帝庙的庭院是长方形的模样，东西两边是两层相互对称的、藏族样式的平顶楼房。底层原本是僧房，二楼用来接待香客。应着"桃园结义"的典故，花开时节，这里也有桃花夭夭。恍惚中，似乎能够联想到当年刘、关、张三兄弟桃园结拜的场景。拉萨随处都有花开的地方，这处却飘荡庭院里有一块石碑，名为"关帝庙落成碑"，石碑上刻着二龙戏珠的图样，还有"万年不朽"四个字。虽然石碑上的汉字碑文已然在岁月的擦洗中变得沧桑，但仔细看去，依旧可以辨认得出碑文上记录了清朝大败廓尔喀的经过以及修建庙宇的缘由。

这段历史在史书中也有记载，乾隆年间，廓尔喀人侵犯我国西藏，乾隆皇帝于是派遣大将军福康安前往应战，驱除入侵者。福康安军队和西藏当地军民相互配合，最终将入侵者赶出。廓尔喀人原本也是骁勇善战，但是，清朝军队却能在很短时间内将他们击败，军队里有人觉得冥冥之中有武圣人关羽的庇佑，遂捐银在拉萨修建了这座关帝庙。

石碑中记载的历史已经远去，而石碑历经风吹雨打，即使曝晒在四季轮回之中，仍旧行使着自己记录历史的职责。曾经的金戈铁马，曾经的两军对阵，曾经的硝烟烽火，在时间里消逝，却也铭刻在时间之中。

2.汉族的英雄，藏族的英雄

再往前走去，便是关帝殿了，殿外有一口铜钟，为乾隆年间福康安的军队所铸造，这就是颇有名气的"磨盘山关帝庙铜钟"。大殿之内，供奉着关羽像，两侧则是张飞、关平、诸葛亮的塑像，以及藏族人民十分崇敬的格萨尔像。

格萨尔是藏族传说中的一位大英雄。藏族地区流传的《格萨尔》就是记录了格萨尔各种神话传说事迹的史诗。史诗中的格萨尔，是一个人神结合的英雄人物。他锄强扶弱、斩妖除魔，帮助老百姓，让他们能够丰衣足食。诞生于纪元前后至公元五六世纪的《格萨尔》，在天长日久的口耳相传和记录下，逐渐有了如今的规模——一百二十多部、一百多万诗行、两千多万字。这足以见得藏族人民对格萨尔的推崇与爱戴。

汉族人民的英雄和藏族人民的英雄，在同一座庙宇中，享受着同样的供奉，香火之中并没有不同民族的区别。来这里的人，微笑着对关羽献上自己的崇拜，也会对格萨尔献上自己的敬意。这座关帝庙是不同民族文化在拉萨和谐交融的一大象征，也展现了中国人镌刻在骨子里的对国家统一、民族团结、保家卫国、抵御外敌的决心。

年年岁岁花相似，岁岁年年人不同。关帝庙的桃花，总是粉红枝头闹的模样，每一年来这里的人都是不同的，但是，有一些东西总是不变的——拉萨这片土地，西藏这个地方，藏族文明在华夏大地上源远流长。汉藏两族人民携手共进的历史，如同拉萨河一般，从远处行来，流向更远的地方。

● 美吴·伦珠通门林寺，珍宝在脚下 ●

拉萨的尼木县被称作"拉萨的作坊"，因为这里蕴藏着太多手工精巧的技艺和孜孜不倦的匠人。让空气和土木也沾染上藏香的吞巴乡，用刻刀让木头也开出生命之花的普松乡，这里的老百姓都生就了一双灵巧的好手。

1.苯教简史

尼木县塔荣镇的省日村却不太一样，这里的人们从古至今似乎更有经商的天赋，不过，现在省日村的老百姓也逐渐开始培养自己能够精雕细琢的双手。其实，村里人并不缺手艺精湛的木匠、画者、雕工，不过，大家更希望将自己的手艺献给村里的美吴·伦珠通门林寺。

美吴·伦珠通门林寺，由大殿、僧舍、拉康、伙房、接待室、佛塔等组成，位置就在省日村东北约200米处的孜姆日山山顶。原寺庙可以追溯到1048年，由美吴·拉日宁布在现寺山下修建了一间寝宫（喇让），后来，到了1158年，桑日松东贡钦在这里迁建了寺庙，这座寺庙是原西藏苯教六大家族之一美吴家族的寺庙，也是拉萨唯一的苯教寺庙。

苯教，是世界上最古老的宗教之一。在《西藏本教简史》一书中，对苯教的概念和在西藏的发展历程进行了一个精简的概述：

"根据本教历史发展阶段分析，本教应该分三大发展阶段，即土著本教阶段、早期雍仲本教阶段和晚期雍仲本教阶段。土著本教顾名思义，是在青藏高原上土生土长的原始信仰，它没有具体的产生年代和创建者，是与青藏高原上繁衍生息的高原人一同诞生和成长起来的一种原始信仰。它具有很强的地域和民族特色。换句话说它就是吐蕃的原始本教。雍仲本教与此相反，它有自己的创建者和相对具体的产生年代。所以，雍仲本教是在漫长的历史发展过程中不断吸取本土文化的营养，逐渐完善自己的体系，最后发展成目前的本教。它也要分早期和晚期两部分……雍仲本教最初传入吐蕃是在吐蕃第二代赞普穆赤赞普时期，其大致年代约为公元1世纪。雍仲本教以原始本波教的民间信仰如占卜休咎、祈福禳灾以及送魂、驱鬼、降神、除妖、救命等为基础，吸收周边部落和地区的宗教文化后逐渐形成和完善的。"①

在佛教传入吐蕃之前，雍仲苯教已经在西藏地区生根了很久，后来，藏传佛教和苯教之间也有冲突和融合，而这些宗教也逐渐融入了藏族人民自身的特点。

2. 手艺供在墙上，珍宝踩在脚下

1986年，美吴·伦珠通门林寺在原寺庙的部分废墟上修建了大殿、拉康、僧舍等建筑。

2008年，因当雄地震导致寺庙大殿墙体大量开裂，无法继续使用。

后来，当地的老百姓参与了这座寺庙的修建工作，而他们所有的付出都是没有酬劳的，他们利用闲暇之余，将自己的虔诚之心和精湛技艺都奉献给了这座寺庙。

走进美吴·伦珠通门林寺，并没有如同大昭寺和小昭寺那样的鼎盛香火和人烟，这里带着几分自在清净的意味。走进寺庙里，我们能发现一件十分有趣的事情，这里的阿嘎土里镶嵌着珍珠海螺。

阿嘎土是藏族传统建筑中屋顶和地面普遍采用的材料，是一种黏性很强、色泽优美的风化石。夯制出来的阿嘎土既光滑又美观，所以过去都将阿嘎土认作是建筑的上乘材料，一般宫廷、政府、寺庙、贵族等使用较多。

夯实阿嘎土的过程十分繁杂，比现在钢筋水泥的铺垫更繁复，但也充满乐趣和美感。

"先把第一种'阿嘎'土平平地铺在地上，其厚度一般在5~10厘米左右。然后用'帛多'（一种专门夯打'阿嘎'土的劳动工具。它是由一块厚约3~5厘米、直径为15厘米的原形青石块中心打孔，穿进一根1.7~1.9米左右的木棍做成，木棍是'帛多'的把手）夯打铺平'阿嘎'土，夯打速度要慢，力度要匀，时间大致在两天左右……第一层粗石土夯平、夯实以后铺第

---

① 顿珠拉杰：《西藏本教简史》，拉萨：西藏人民出版社，2007年版，第19页。

二层中等石土，继续用'帛多'夯打，第二层石土基本平实以后洒水继续夯打，夯打三天以后，地坪表面平平实实感觉坚硬了，铺上最后一道细石土继续夯打……在反反复复的夯打中泥浆渐渐变干，再次洒水夯打，重复多次，直到地坪表面变成'铁板一块'，'帛多'底部不粘'阿嘎'泥土，第三层'阿嘎'细石土铺地打夯质量要求达标了。这一层夯打大概需要三天时间。这时候把'帛多'放在一边，每人手上拿一块光滑的鹅卵石用力摩擦地坪表面，把磨出来的粉状'阿嘎'土用抹布擦掉，如此反复几次后，'阿嘎'表面碎石块的轮廓渐渐显现出来……预先泡好榆树皮，用黏稠的榆树皮汁把'阿嘎'地坪表面擦拭二至三遍，增强'阿嘎'表面的坚硬度。把适量的芸香粉放入温热的清油中，用这种油擦拭'阿嘎'地坪表面……这两项保养措施做完了，打制'阿嘎'工序基本完成，共需要花费七至十天的时间。重要建筑如佛殿地坪'阿嘎'当铺到第三层细石土的时候，用松耳石、珊瑚等宝石在'阿嘎'地坪表面平铺图案，等'阿嘎'工序完成的时候，地坪上出现宝石图案，这样的'阿嘎地坪显得非同一般，而且大大地提高了其审美价值'。"[1]

美吴·伦珠通门林寺的阿嘎土里就有珍珠等各种宝石，因为这里的人认为，珍珠、宝石、玛瑙之类的珠宝是从大地之中而来，那么，将它们嵌入土中，就是回归大地。这样的想法就带着一种"从何处来，回何处去"的感念。而有精美雕刻的器具和木梁，或者在寺内亲手绘制的绘画，都出于人工，耗时耗力耗心，这种辛勤劳动后的成果应该比珍珠宝石更值得尊敬。所以，珍珠海螺踩在脚底下，这是融入自然，回归故土；而手艺心血则应供在墙上，值得尊重，需要抬头仰望。

● 圣城里的清真寺 ●

早在1000多年前，就有穆斯林往来于吐蕃与西域、克什米尔之间，并在西藏的城镇定居。拉萨清真大寺，始建于康熙五十五年（公元1716年）。

---

[1] 次仁多吉：《西藏民俗文化漫笔》，拉萨：西藏人民出版社，2014年版，第116页。

在元朝正式行使对西藏的主权后，很多穆斯林就陆续随军队和商队，从中原进入西藏。

西藏的穆斯林可以粗略地分为两支，一支是被称为"藏回"的世居回族，另一支则是来自宁夏、青海、甘肃等地的回族。"藏回"又可以分为两支，一支是属于从国内其他地区而来的回族，定居原因主要是经商，还有清政府驻兵等；另一支则是从克什米尔、印度、尼泊尔、巴尔蒂斯坦等地而来的穆斯林。现在，当地的藏族人把穆斯林称为"卡契"，把从国内其他地方来的穆斯林称为"甲卡契"，"甲"的意思就是国内其他地方而来；而从克什米尔来的穆斯林则被称为"克什卡契"。

1. 漫步卡及林卡

传说，在17世纪的时候，一名居住在拉萨的克什米尔阿訇，常去郊外偏僻的山上做祷告。当时的五世达赖喇嘛听闻了这件事，就叫来这个阿訇，问他为什么要这么做。阿訇说，这是他们的宗教习惯，要做礼拜，不过，拉萨没有清真寺，他就只能到山上去了。后来，五世达赖喇嘛就让人去阿訇做祷告的那座山附近，选了一个地方，站在原地分别向五个方向射了五支箭。这五支箭囊括的范围就赠给了当时的穆斯林，在那个地方也建造了一所房子，这就是现在我们熟知的"卡及林卡"，也就是穆斯林公园。当时，五世达赖喇嘛不仅送出去了土地，还给予了当地的穆斯林十分优渥的待遇。五世达赖喇嘛还会邀请穆斯林前往布达拉宫做客，赐予食物等。而这些优厚的待遇也吸引了更多穆斯林的到来，他们原本是住在克什米尔、尼泊尔、锡金甚至英国。

卡及林卡现在就在拉萨的西郊，距离罗布林卡西面1.5公里的地方。算起来，卡及林卡已经有300多年的历史了。人们会来这里野餐，相识的人畅谈着彼此生活上的事情。卡及林卡的中间有一座礼拜堂，有住房、小教室、仓库等，但是建筑风格是典型的藏族样式平顶。卡及林卡，是很多穆斯林生活的一部分，而在他们与这个世界告别后，此处也是他们的归宿。他们的坟墓上放置着一块长方形石块，刻下了这些往生者的名字和安葬时间，宣告着一种"这个世界，我来过"的朴素和纯真。

2. 回忆中的牛角墙

河坝林清真寺，修建时间是在清康熙五十五年（1716），到了乾隆年间进行了扩建，才有了现在的规模。这座清真寺离八廓街不远，走得近了，就能看见典型清真寺的尖顶塔楼造型。清真大寺拥有一座融会了藏、汉、伊斯兰等多种文化特色的大殿，建筑面积达1160多平方米。卡及林卡的两座清真寺，一东一西，相隔不是很远。这里不仅有阿訇讲经的地方，也是回民的居住区，同时还有回民墓地。

在许多年前，清真寺附近有一堵牛角墙，如今，这面墙已经不知所踪了。在《西藏民俗文化漫笔》一书中，作者次仁多吉对这堵牛角墙是这样回忆的：

"三十年前，甚至十几年前，清真寺的东西南三面，都是回族的聚居区，这里很少有别的民族居住。这一地区的建筑格局与拉萨市内其他地方有较大的区别。这里是一大片平房，几乎看不到二楼。一家一个院，院内栽有各种果树，院外一片菜地，菜地围墙是用牛角砌成的。世界上第一个牛角墙问世了，这个杰作的创始者是聪慧的拉萨河坝林回族。牛角墙既经济（这种建筑材料过去随处可以拾到）又耐用（不怕潮），同时又是一个独特的景观。现在，牛角墙彻底不见了，我们说不清它是怎么消失的。也许工业发达的今天，它们还在守护一块小小的菜地，感到委屈了，做出别的选择，发挥它们更大的作用去了。可是它们毕竟留下不可磨灭的足迹，人们怎能忘却？"①

穆斯林群体融入西藏文化，已经有几个世纪的历史了。如今在拉萨的穆斯林群体，除了还保留一些穆斯林生活习惯，大多都是说着藏族的语言，穿着藏族的传统服饰，已经和当地人没有什么区别了。当地不同民族的融合和融洽，已经有多年历史了。在《西藏民族关系研究》一书中，有一些回族拉萨人的访谈记录，可以说明这个问题。其中有一名叫"阿都"的人是这样说的：

"我父亲是当时的双语人才，在广播站播音，当过编译局局长。他现在是翻译界的权威人士，虽然从事政府机关的行政工作，但也参与翻译。现在拉萨的回族除了宗教信仰，可以说是藏族。我们吃糌粑，喝酥油茶，家里摆

---

① 次仁多吉：《西藏民俗文化漫笔》，拉萨：西藏人民出版社，2014年版，第56—57页。

设都跟藏族一样，只是没有佛像而已。我们的生活习惯已经融入藏族人中。听说，从祖爷辈起就有这种现象。"

在拉萨，无论是藏族也好，回族也好，汉族也好，其他民族也好，回望历史，总能寻到一些民族渊源的痕迹，犹如一幅画卷中的山川湖海，无论谁

都是不可或缺的一部分。或许，有一天，在一个阳光普照的日子里，大家会一起走过八廓街的小巷，走进同一家甜茶馆，点上一杯甜茶，吃上一碗藏面，说着最近发生的新鲜事，饭饱之后，最后告别。

在这里，我们有不同，但最终，并没有不同。

第四篇　拉萨河上，信仰之间

第五篇
DI WU PIAN
伍
雪域小城故事多

每个人的心中,都有一座拉萨。拉萨的故乡小城,却有不同的风貌。

墨竹工卡的思金拉措,连风都是清澈的蓝色;堆龙德庆的觉木隆藏戏面具下,藏着的是久远的历史;"尼木三绝",讲述了多少匠人心魂和技艺传承;曲水的河流,似乎也带着玫瑰和甜茶的香气;林周的黑颈鹤,延续着生命的迁徙,古寺和农场也蕴藏着记忆;当雄的草原上,白塔耸立,骏马奔腾,温泉涌动……

在雪域的土地上,这些小城聚集着生活温度,描摹着粗糙而温暖的村庄,讲述着百态人生。于是,在这些村庄里,山水便多了一份生机勃勃的灵性,文化就添了一把红火四方的木柴。

第一章 "天边之乡"的墨竹工卡

对于墨竹工卡最美好的想象,莫过于漫步在松赞干布的故乡,行走在思金拉措的山水之中,灵动的风景是一场奔赴安宁的理想。

霍尔康庄园残留的痕迹,思金拉错湖水的波光粼粼,米拉山的风和雪,日多温泉的缥缈烟气。古老的墨竹工卡,为世人献上一条洁白的哈达。

● 甲玛乡,等风,等你 ●

墨竹工卡县,藏语意为"墨竹色青龙王居住的中间白地",拉萨河从这里蜿蜒行过,这里河谷环绕,草原广布,天然的气候优势,让这里总有一种作物丰美的气象。

1. 甲玛乡的好日子

在桃花烂漫的时节,来到墨竹工卡县甲玛乡孜孜荣村,我们能看到一排排新建的房屋,以及一条条新修的公路。

孜孜荣村的措次仁,十多年前还住在山沟里,那是一个海拔4000多米的地方,他以放牧为生,维持着一家人基本的生计。他的儿子土登扎西和朋友一起承包一些水井、水渠的小工程。人的视野一旦打开,就会学着走向更加广阔的天地。土登扎西工程做得熟了,人力也相对充足,在当地县、乡政府的支持下,和朋友成立了农牧民施工队,做起了工程运输。做工程运输,需要运载工具,大型挖掘机和运输车动辄几百万,这些钱他用贷款和征地补偿款添上了。2017年的收入就有70万。

通过自己的劳动和智慧,在当地政府的帮助下变得富裕起来,似乎已经成为甲玛乡乡民们的共识。矿产、净土健康、旅游三大产业,让甲玛乡的老百姓们都逐渐找到了自己生财有道的路子。老百姓的腰包鼓起来了,生活质量的问题就提上了日程。而在墨竹工卡县有三大民生工程——墨竹工卡籍农牧民子女高等教育阶段学费实现100%报销，每生每月发放生活补助200元，对于研究生阶段的继续实施本政策；农牧民群众医疗保险和民政救助后剩余的住院医疗费用实现100%报销；为年满60周岁以上的农牧民老人发放养老金。老百姓的日子的确是越过越好了。

公路村村通，房子崭新，老百姓有自己的事业和奔头，这是很多拉萨乡村的景象。这些在新时代过上新生活的人，生于斯，养于斯，也追忆着他们故乡曾经的繁华和美好。

2.赞普故里，今日幸福

甲玛，意为"百里挑一的富地"，这里山川秀美，物资丰富，被称为旧西藏贵族们的"粮仓"。在吐蕃历史上，甲玛乡扮演着重要角色——它是松赞干布的诞生之地。

松赞干布是悉勃野世系中第三十一代赞普囊日松赞与蔡邦氏珠玛脱噶之子。公元617年，在甲玛囊的强巴敏久林宫中，作为部族首领之子的松赞干布诞生了。据说，松赞干布在出生之时就比一般的孩子身躯大一些，天生一副好模样。等到他长大成人后，则成长为一个智勇双全的人。

后来，松赞干布的父亲囊日松赞被毒杀，13岁的松赞干布在臣子娘·芒波杰尚囊、琼波·邦塞苏孜、噶尔·芒相松囊、韦耶察等人的辅助之下，成为赞普，肩负起部族壮大的艰巨任务，他既要对付自己的政治敌人，又要防止其他部族的侵害，即便如此，他仍旧勇往直前。

多年的历练之后，松赞干布在内忧外患之中已经成长为一个合格的领导人。他统一了高原各部落，并迁都如今的拉萨，还主持修建了布达拉宫，并且让吞弥·桑布扎创制了藏文。同时，他还迎娶了中原大唐的文成公主，让汉藏两族人民更加血脉相连。而唐朝的汉藏民族交往，更是为元朝时西藏地区融入中国版图奠定了坚实的政治、经济、文化、情感基础。对于藏族人民来说，松赞干布是一个灵魂人物，他的功绩无法尽述。

彼时的松赞干布我们无缘得见，但是，他的出生地，在历经千年风霜雨雪后还能发现一些痕迹。甲玛乡辖有龙达村、赤康村和孜孜荣村三个村。其中的赤康村，就是千年前强巴敏久林宫所在的地方。在吐蕃政权时期，甲玛曾是政治中心。强巴敏久林宫坐落在墨竹工卡的甲玛赤康。这个栖居了囊日松赞和松赞干布两代藏族领导人的宫殿，在历经岁月的洗礼之后，只依稀剩

下一些曾经的残痕。

现在的甲玛沟已经开发出了甲玛乡旅游区，在甲玛沟的入口，就有一座牌楼，高大气派，上面写着"松赞干布出生地"。右边的石碑上是中国政协原副主席阿沛·阿旺晋美的题字。往里走之后，就能看见"松赞拉康"，这是西藏老百姓为了纪念松赞干布而修建的，里面供奉着松赞干布和文成公主、尺尊公主。在景区里，还有一座松赞干布纪念馆，4个板块，12个展厅，分别记录了西藏从部落时期逐渐统一高原，到建立强大的吐蕃政权，并与大唐和亲的历史。展示的手法充满了科技感，包括文物复原以及声、光、电等现代化手段。

3. 霍尔康庄园：甲玛沟的万户侯

慢走在景区中，我们能看见松赞干布纪念馆、古城墙以及松赞圣泉改扩建和松赞拉康等，这是一场再现历史的行走，也是一次藏族文化的博览。

其中，霍尔康庄园建设项目是南京市第六批重点援建的旅游发展项目之一，它重现了曾经的西藏贵族的生活，那些庄园主的生活区，那些传出叮当捶打声音的手工艺作坊。漫步于霍尔康庄园，那些有着昔日痕迹的遗址，正向走过它的旅人们讲述一段过去的故事。

霍尔康庄园属于霍尔康家族，这来到甲玛乡赤康村已经有200多年的历史了。元朝之时，西藏实行"万户制"，被分了十三个万户侯，甲玛沟就是其中一个万户侯治所。元朝灭亡后，成吉思汗的后裔进入西藏，其中一支支系进入拉萨，并修建房屋，房屋建筑就被称为"霍尔康萨"，蒙语的意思是"蒙古人的新房"，后来，"霍尔康"就成为家族名。18世纪初，当地贵族饶登顿珠并入霍尔康家族，饶登顿珠因战功显赫受到清朝中央政府的封赏，其中就包括"甲玛万户府"所在地的庄园，这就是霍尔康庄园的由来。

整座庄园共占地约50000平方米，除了生活场所，还有很多绿地和一座寺庙——热杰林寺。霍尔康庄园中还有一座白塔，这是热杰林寺创始人卓贡桑杰翁的灵塔。宽广的庄园中，白塔呼唤着天空的白云，百年静默，无声地说着曾经的辉煌和沧桑。

霍尔康庄园中还有很多珍宝，如清雍正皇帝赏赐给霍尔康家族的物品和满文版的封地文书，有1200多年历史的壁画，各个时期供奉于热杰林寺中的擦擦。而出土于霍尔康庄园的藏式棋盘已经收藏在西藏博物馆内了。

如今的霍尔康庄园，带着曾经荣耀的影子，走进了普通老百姓的生活，成为当地老百姓闲暇漫步的场所。

4.邂逅古代兵器博物馆

甲玛乡龙达村还有一处群觉古代兵器博物馆。该馆从2012年开始筹建，于2015年7月正式对公众开放，是西藏首家民间古代兵器博物馆。博物馆的开创者是墨竹工卡县农民收藏家群觉。群觉并非一出生就有优渥的生活条件，他年轻的时候吃过很多苦，他做过建筑工，也当过三轮车夫，他也拿过几十块的月薪，直到后来他开始做皮革生意。

群觉，一个热爱藏族文化的藏族老百姓，用了30年时间，收藏了如今群觉博物馆中的藏品。或许，对他来说，这些冰冷的武器，却是他人生中热络的美好回忆。

当我们走进群觉兵器博物馆时，会发现这里是两层建筑，一楼是展厅，二楼是办公处。展厅里分别有陶器、铜器、民族服饰、生活用具、宗教文化、革命文物、兵器等七个展览区，照片中有古代兵器、出土文物（陶质明器，民间征集所得）、生产工具、生活用具、衡器、服饰、马具、文书契约等。所有的藏品均来自各个民族，包括藏族、汉族、蒙古族、回族、满族。

既然是兵器博物馆，藏品自然多是兵器。兵器种类齐全，有刀、剑、矛、斧、弓箭、盔甲、盾、火药枪、箭镞、抛石器、战鼓、马具。目前，全世界只有两件整套的吐蕃王朝时期马背上的武器装备，一套在美国大都会博物馆展出，另一套就在群觉古代兵器博物馆。镇馆之宝中，还有一柄七星宝剑，宝剑的历史可以追溯到10到13世纪，因北斗七星而得名。

博物馆中的藏品沉睡着，不知道它们是否也有"铁马冰河入梦来"的时刻。

甲玛乡的历史中，带着一种金戈铁马的男儿气概，吐蕃赞普松赞干布的历史在这里开始；霍尔康家族的辉煌在这里闪现；群觉兵器博物馆中也有铿锵的历史在共鸣。同时，还有更多藏族人民的文化瑰宝，也在这里开花结果，等待着有心人的来临与观摩。

●"大思金拉措"，山水有相逢●

拉萨的很多美景如同项链上的珠宝，珍珠、玛瑙、绿松石，各有各的特色，而串联在一起，却更能成就相互辉映的美好。"大思金拉措"景区，是"十三五"旅游规划中墨竹工卡县的重点项目，也是拉萨市打造全域旅游的重要一环，"大思金拉措"景区整合了思金拉措、米拉山、日多温泉等旅游资源。

1. 爱在思金拉措

从拉萨前往林芝的路上，一块思金拉措的广告牌就显眼地矗立在那里，让人不注意都不行。周转一番之后就到了一处宽广的天地，有种曲径通幽处的乐趣，那里便是思金拉措。

如果说真的有一片天空坠落在大地之上，那应该就是拉萨的思金拉措。这一汪蓝到透亮的湖水，是西藏有名的"财神湖"，湖边都是人们祈福的玛尼石。石头一堆一堆地叠起来，人们把自己美好的意念融入其中。在湖畔，雪莲花、冬虫夏草等珍贵药材生长在这里。雪鸡、马鹿、高山岭羊、獐子、狼等野生动物，也在这里自由奔跑。

思金拉措是个如歌一般的地方，看见它的人，好像就能听到一首歌在耳旁响起。

"桑日思金拉措湖畔,

格桑梅朵盛开的时候,

湖面荡起一圈圈水波。

那是我俩心海缠绵的情思,

桑日思金拉措湖畔。

有缘恋人相会的时候,

绵绵情歌飞翔了云霄,

那是我俩真情不变的誓言。

啊,亲爱的。

啊,亲爱的。

我们相遇在思金拉措,

许下一个美丽的心愿,

从今后彼此相爱永不分离。"

《爱在思金拉措》,这是藏族歌手央金兰泽的歌。这是一个能让人相爱的地方,也是一个能让人爱上的地方。和拉萨其他的山川湖海一样,老百姓在天长日久中,为它们编写了各种神话传说,让这些大地之上的宠儿,也有了故事,有了生气,有了思想。

思金拉措的藏语意思是"拥有威力的神湖",传说,这里是墨竹思金龙王的居所,这位龙王拥有奇珍异宝无数,却并没有贪恋之心。他把财宝遍布山川,再装饰以珍贵的花草树木和飞禽走兽。他把思金拉措开放给所有生灵,让它们为这里带来勃勃生机。

现在,来到这里祈福的人,带着善念和祝祷,并不吝啬身外之物。他们祈求着美好的生活和未来,希望人世也越来越好。这与墨竹思金龙王的善念正好相互辉映。

思金拉措如同一个聚宝盆的模样,被群山环绕着。东边的山恍若十六尊罗汉,南边的山犹如曼荼罗,西边的山好像象背上的宝座。不仅山脉,思金拉措的四周如众星拱月一般分布着小湖泊,这些小湖有着充满趣味的名字,"五飞天""六趣""八尊古如""三怙主",它们也有各种各样有趣的故事。

思金拉措湖水中有一处草坪,形状像蛇的舌头。据说,吐蕃赞普赤松德赞曾为了筹集修建桑耶寺的资金来到思金拉措求财。他在这里祈愿并求得了金砂，如意而返。这便是"财神湖"的由来。

在桑耶寺建成后，为了求取佛像所用的金粉，他又来到这里，向世间财主墨竹思金龙王求金。在途中，他被一条毒蛇拦住。正巧，当时莲花生大师在附近修行，就替他除了这个祸害，斩下了毒蛇的舌头，扔进了湖里，最终赤松德赞求金成功。据说，如今的湖中那个草坪，就是由那条毒蛇的舌头变成的。

所以，桑耶寺如今还有祭拜墨竹思金龙王的习俗。神话传说和风俗习惯，就这样在千年后，又给我们满上了一杯传承之酒。

其实，从墨竹工卡县城来到思金拉措并不轻松，从县城走到这里将近80公里，从拉萨走到这儿更是将近150公里。光是来回就是一段漫长的旅行。但是，我们仍然能够在湖边瞧见自驾游的人，转湖的人，他们带着食物，也带着爽朗的笑意，更带来了真诚的敬拜。毕竟，这一处拉萨的好天地，不来，岂不可惜了？

2. 米拉山，那里的雪，那里的云

前往思金拉措的路上，能瞧见米拉山口。进入米拉山，就能瞧见了"一山有四季，十里不同天"的风景。

米拉山是拉萨和林芝两地的界山，这座山静默地蹲守此处，轻轻地将拉萨河与尼羊河分开。这里的山上能瞧见雪，翻涌的云层像海浪一样鼓动在这，云层厚密，又压得极低，远远地看去，云层就像是匍匐在大地之上。这里的山风十分强劲，呼呼地吹来，带着凛冽的凉气。

在这样一个清凉而寂静的地方，也有藏族人民的经幡。天是蓝的，云是白的，雪泛着银光，还有褐色的地面，五彩缤纷的经幡在风中飞扬，给这个清淡的世界增添了一抹亮色。走进了瞧，能够看到经幡上带着风霜侵袭的痕迹，但仍然不能阻碍这些经幡所寄托的藏族人民的祈愿。

有时候，厚重的云层堆叠着，让大地之上车辆经过的地方都显得有些暗沉，不一会儿，风动云走，云层间破开一个洞，并不刺目的亮光从云洞中直射下来，让人有种神圣的安心。

米拉山守护在这儿的时光，太久，太久了，久到我们根本不知道千万年前这里发生的故事，只能畅想它在现在和未来愈发美好的模样。它还有更久

的生命力在墨竹工卡的大地上延续，它还会如同一位母亲，将慈悲的目光洒遍这里的土地和人们。

2019年4月26日，在一阵喜庆的鞭炮声后，米拉山隧道正式通车了。这意味着拉萨到林芝高等级公路实现了全线通车，也意味着世界上海拔最高的特长公路隧道出现了。来往的车辆穿行而过，不知道车里的人带着怎样的欢愉。在4750米海拔的地方，米拉山隧道出现了，川藏线上又多了一个守护往来行人的卫士。曾经18公里的路程，要翻山越岭，最终劳累疲乏。现在，只要走上5.7公里，就可以到自己的目的地。

这条隧道，让回家的路更快了。

3. 日多温泉，仙气翩翩

海拔4000多米的墨竹工卡，还有一处升腾着暖暖雾气的地方，这和米拉山的积雪迥然不同。蓝天，远山，雾气蒸腾，颇有几分"气蒸云梦泽"的缥缈，恍若人间仙境。这里就是墨竹工卡县日多乡的日多温泉。

看完了思金拉措的美景，垒过了湖边的玛尼石，再瞧瞧米拉山的积雪，倾听一下那里吹过的风。最后，来到日多温泉。这一路行来，水是美的，山是美的，雪是美的，风是美的，冒着热气的温泉也是美的。

这里温泉的水温能达80℃，泉眼有108口。据说，莲花生大师曾在此处沐浴、修行，所以，有八个温泉象征着莲花生大师八个变化身。

拉萨的温泉很多，比较知名的，除了日多温泉，还有堆龙德庆的德庆温泉、羊八井温泉、德仲温泉，德庆温泉在堆龙德庆，羊八井温泉在当雄，日多温泉和德仲温泉都在墨竹工卡。

日多温泉地质公园，是一个可以驱散烦恼的地方，在这里既能感受温泉文化，又能观赏自然生态。如果你想感受大自然，这里有长青的柏树、桦树，还有低矮的灌木，獐子、野羊、黑颈鹤在这里悠闲地漫步，这里的虫草、贝母、雪莲、红景天更是多不胜数。如果有人想瞧瞧温泉，这里有热泉、沸泉、冒气孔，散着烟气，远远地有股暖意；想体验一下历史人文，这里有莲花生大师纪念馆，日多贡巴寺庙……等到了日多乡，老饕们也能在这里寻味一番。这里的牦牛是一绝，风干牛肉、藏面、肉丁、石头烤肉、藏式火锅等让人垂涎。

门巴乡德仲村的德仲温泉也有千年历史了，据说，当年莲花生大师路经此处，将随身携带的铜镜抛下，便成为如今的德仲温泉。温泉水常年在40℃多，很多当地人在这里泡澡，热热乎乎的泉水，似乎能够消除一天的疲劳和病痛。

思金拉措的风，米拉山的雪，日多的暖雾……让墨竹工卡的风味，多变而唯美。

●拉萨河上，天边之乡●

拉萨河流淌过的地方，缭绕着生生不息的时光，达普天文观测台在岁月中观察着流水匆忙。这河水就是一个漫长的旅程，那里有农田，那里有屋舍，那里有寺庙，那里有红尘万里的烟火。

1.达普天文观测台：一块"神石"的不朽乐章

从318国道走下，走上崎岖的山路，目的地是达普村的达普寺。这座修建于1044年的寺庙，靠山环水，来往的人没有很多，显得既安静又神秘。达普寺的格局包括大殿、佛殿、僧舍等，寺内也保存了很多历史悠久的文物。而在寺庙不远处，有一块更加神秘的"石头"，这就是达普天文观测台。

这座达普天文观测台，坐落在这里已经有300多年了。2009年，拉萨市墨竹工卡县就对这座天文台进行了保护性修复，还在历算台观测石周围增加了十二宫二十七宿原文造型大理石保护圈。这个天文观测点还被列为墨竹工卡县"十二五"期间重点建设景区。

达普天文观测台由两个部分组成：测孔楼和测光石，在测孔楼的西墙面南北方位165度至345度的位置，西墙正中间的屋顶上方有一个日光出口，而侧光石与测光孔西墙的距离为29米。每年，当太阳光透过测孔楼顶的日光出孔照到测光石，三点连成一条线的时候，就到了春耕及灌溉的时间了。2008年，藏族天文历算被列入第二批国家级非物质文化遗产保护名录。

天文历算是藏族老百姓生活的一部分，涉及婚丧嫁娶，生产生活，甚至是一些药材的采摘时间。其他地区的农历历算也是如此。这是我们中国人自古以来铭刻在骨子里的"天人合一"的精神。根据四季的轮转，通过对花鸟树木、日月星辰的变化，来推算农忙和日常行事。顺应天时，与世界和谐相处，根据自然规律来生活和做事。

藏历是藏族人创制的一种历法。西藏自治区藏医院天文历算研究所专家曾经说过："藏历将一年分为四季，一年有354天，大小月相间，大月30日，小月29日。还有一个闰月，用来调整月份和季节的关系。藏历中也一直采用汉族用的干支纪年法，不同之处是以五行代替十干，即甲乙为木、丙丁为火……以十二生肖代替十二地支，即子为鼠、丑为牛……依次类推。此外，藏历还设二十四节气，对西藏地区做中长期天气预报，对五大行星运动和日月食也做预报，其实这就体现了藏历是阴阳合历，包含物候历、时轮历和时宪历三大元素的特点。可以说藏历是在西藏原始物候历的基础上，吸收了多种历法精华，形成独特而科学的历算体系。历史上曾多次准确预报日食、月食等天文现象和各种自然灾害。"

达普寺的天文历算台，观测的就是拉萨河以东区域的农事情况。这条母亲河，养育了两岸世世代代的村人。

2.拉萨河流淌过的地方

拉萨河在墨竹工卡有两条主要的支流，一条是米拉山的墨竹玛曲，另一条是门巴乡的雪绒藏布。

扎西岗乡，墨竹玛曲从这里流过。到了雨季的时候，河水会涨起来，湍流的急水和水中的沙石混合，河水也变得不那么清澈了。河水滋养过的地方，总有一派兴旺的生机。到了天气晴好的春夏，岸边会开满小小的花朵，红黄蓝白粉，缀饰在草地上，不过，有些花草是碰不得的，那是制作藏纸用的狼毒花。于是，附近的人会挑个好天气，到这里来"过林卡"。过林卡，有些像郊游，亲朋好友们三五成群来到河边，带上食物在这里享用，笑闹嬉戏一番。享受着自然美景，感受着亲朋之间的欢笑，在一个有阳光和流水的地方，悠闲地享受这天的美好。墨竹玛曲有"小桥，流水，人家"，也有"夕阳西下"，此处有的是田园风光，此处的人也是欢喜之人。

雪绒藏布从墨竹工卡县门巴乡仁多岗村流过，河水带来生命，附近的景色也朗润许多，放眼望去，满眼都有植被环绕。因为湿润的气候，这里的产业多以牧业、虫草为主。雪绒藏布江附近的农田并不是方方正正的，而是有着随意又随形的模样。江水流过这里，灌溉着里面的作物。冬天的时候，一层白雪便覆盖在大地之上，等到来年春天，又是一个冰消草长的时节，等到丰收的时候，田地里也有了农忙的身影。

和拉萨的很多地方一样，这里也有拜佛的乡人，他们前往的便是雪绒藏布附近的直贡梯寺。

直贡梯寺是直贡噶举派的母寺，也被称为"直贡替卧敏江曲林"。原本它只是一座简陋的小殿，1179年，帕莫竹巴大师的弟子觉巴·杰丹贡布仁钦拜在原有基础上修建了直贡替卧敏江曲林。寺庙修建得美轮美奂，墙上的壁画都是用纯金汁所绘制，屋顶更有精致的宝瓶、宝幢，所供奉之物也有很多珍品。但是，1290年时，蒙古大军入内，焚寺杀僧，寺庙无人顾及，便成了一片荒地。六年后，寺庙被重新修葺。直贡梯寺曾走过繁华，也曾在时光中没落。无论如何，它今天仍旧在雪绒藏布江旁，聆听着河谷的风声，闻着桑烟和藏香。

仁多岗村在年复一年的发展中，也有了更多元的营生。有很多住户开起了自家的小餐馆，奶制品、甜茶、藏餐……来这里的行人，总能收获一顿丰盛且温暖的美味。

天边之乡，我们走过的，是拉萨河水流淌的地方。

第二章　堆龙德庆，上谷极乐

堆龙德庆，上谷极乐之地。堆龙河流走在此处，香雄美朵的花海用香气召唤着四方来人。在和煦的清风中，觉木隆藏戏又敲响了它的锣鼓，一声嘹亮的歌喉，打开了人们平静的心波。堆龙德庆的寺庙也如河流一般安静，从历史深处走来，绕行在人间百姓的身边，山上有风，风里有云，云下有寺，这方天地，安静至极。

● 始终行走在堆龙河畔 ●

堆龙德庆，藏语的意思是"上谷极乐之地"，它在雅鲁藏布江中游河谷的怀抱中，走过了沧海桑田的岁月，念青唐古拉山也守候在它的身旁。这个平均海拔约4500米的地方，孕育着美好的藏族文化。

1.香雄美朵，遇见花海与民宿

拉萨的6月，不冷也不热，刚刚好的天气，打上一把伞或者戴顶帽子就可以出门了。从拉萨出发，沿着109国道向西行驶26公里左右，我们就可以行驶到堆龙德庆区乃琼镇波玛村，此刻正是一个花红叶绿的好时节。

这里的花田种着大批的月季，月季树整齐地排列着，纵横间隔的距离足够两人同行。月季，有"花中皇后"之称，因为花期很长，有些品种生命力强且耐旱耐热，所以，也有"月月红"的称谓。这一大片的花田，正是波玛村"香雄美朵"生态旅游文化产业园的项目——"万亩花海"。

"香雄美朵"生态旅游文化产业园，主要包括了道路管网、2座桥梁、象雄博物馆、花卉种植、现代花卉香料示范中心、游客接待中心、演艺中心、净土香料厂、净土产品展销中心、综合服务区商业街、藏家民宿旅社、手工艺品作坊、精品酒店、房车营地、观景台、精准扶贫特色民宿、襄堆沟防洪堤和堆龙河水景观等20个单体项目。现在，"万亩花海""德吉藏家"

民宿等已经进入了体验使用阶段,这是一次打造西藏生态旅游文化产业发展的新增长极。

香雄美朵的花田里种的月季,属于嫁接型,花期很长,6月,正好是它的盛花期,而开花时间一直可以延续到9月份。人在蓝天下走,看着远山,花就在身边,红的粉的一大片,让人心里高兴。

看花的人,也不用担心住宿和吃饭的问题,不远处就是民宿——德吉藏家。四四方方的构造,白墙红顶,带着一些藏族风味的配色。在这里,吃的都是地地道道的藏族菜肴,喝着酥油茶,吃着糌粑,点上一碗藏面。要是走得累了,就在这儿住上一天。一楼是主人家自己住,二楼是给游客住的民宿。

其实,德吉藏家的房子都是搬迁村民的,"德吉藏家"民宿项目也是当地政府对"波玛村易地扶贫搬迁安置房"的优化,既让老百姓安居,也让老百姓能够立业,这样,不仅能够住得安心,还能实现脱贫。

卓玛一家就是如此。她家从堆龙德庆区古荣乡南巴村搬到波玛村的安置房,不仅房子变得更敞亮了,一家人住得更舒服。民宿开发也让她家多了每月3000多元的收入,还有年底分红。

不仅卓玛一家,2016年搬到乃琼镇波玛村的次巴珠,原本是贫困户,现在他也是整天都笑呵呵的。他们一家搬到这里来之后,他就干起了河道管护员的工作,每月能拿到1500元。村委会组织他们在"香雄美朵"生态旅游文化产业园里务工,活儿不是特别累,一天120块。次巴珠家离"香雄美朵"也不远,每天来回也不是很费事。

正所谓"授之以鱼,不如授之以渔",扶贫项目要让老百姓住上新房子,也要让老百姓能过上好日子。

巴桑阿妈是本地安置户,她的新家是个160平方米的新房子,建房子的26.4万元,用的是银行20年的无息贷款,搬家前的土地租给了产业园,一年下来就等着分红。家里的彩电、冰箱、沙发等快4万多的东西都是政府提供的,自己没有花钱。巴桑阿妈担任了树木、草原监督员的岗位,每年收入3000多元。她有三个女儿和一个儿子,儿子还在读书,女儿都有工作,每个月也都能存下一笔钱。

米玛大哥是异地安置户。他以前住的是土坯小房子,家里上有老下有小,住起来难免逼仄。他是家里的顶梁柱,一大家子都要靠他一个人养活。

现在，米玛大哥一家人搬进了新家，住房已然不是问题。工作上，他自己跑运输，挣的钱也不少。他跟产业园签了每月3600元的劳务合同，还有一个每年2000元收入的道路协管员的公益岗位。一家四口的低保，一年是1.6万。

卓玛、次巴珠也好，巴桑阿妈、米玛大哥也好，他们都是扶贫项目的受益人。大家的生活收入有了更多的出路，也就逐渐地不再需要为单纯的物质生活奔波，也不再为挨饿受冻烦恼。手里富裕了，精神食粮自然也就更被渴求了。于是，农家夜校进了波玛村。课堂上的内容既有时事政策，也有实用技术，用的是藏汉双语交流，讲课的人互动性很好，听课的人也很多，大家都渴望学到新时代的新知识，都希望离这个快速变化的时代浪潮更近一些。

堆龙河水向前流淌，潺潺的水声，像是一个讲故事的人。它流过波玛村，也流向了其他的地方，滋养着堆龙德庆的田园和山地。

2.雄巴拉曲泉水的故事

每年六七月份的时候，堆龙德庆区德庆乡、马乡和古荣乡成片的油菜花就开了，黄绿相交的一片，空气里是清纯的香气。俯视这片土地，也恍若油画一般。这片雪域高原上的油菜花田，一簇簇，一畦畦，环抱着藏族村落，不禁让人想起宋朝王安石的诗：

"茅檐长扫净无苔，花木成畦手自栽。

一水护田将绿绕，两山排闼送青来。"

走过油菜花田，前往乃琼镇的雄巴拉曲，那里为人所知的是一口清泉。

当年，为了弘扬佛法，吐蕃赞普赤松德赞请来了莲花生大师。莲花生大师是著名的佛教大师，根据藏族传说，这位莲花生大师到了西藏以后不仅弘扬佛法，更降妖伏魔。莲花生大师于是成为西藏藏传佛教宁玛派的创始人，他的名号响彻西藏，直至如今。

藏族民间有一个关于莲花生大师和雄巴拉曲泉水的神话故事。传说，莲花生大师要前往拉萨，很多大臣就在离拉萨不远的堆龙迎接他，一行人相遇便一起前往拉萨。他们走了很久，直至午餐时间，等到需要取水烧煮的时候才发现附近根本没有水源。莲花生大师见状，考虑到附近的老百姓也应该是有取水困难，于是，当即用手杖在地上扣了三下，地上立马就涌现了一口清

泉，大师便让人快拿来木盆取水。当地很多人见到了大师的神力，便在此欢庆了三天。

所以，这口泉水就被称为"雄巴拉曲"，"雄巴"是木盆的意思，"拉曲"是圣水的意思。

堆龙德庆的美，便在这山水田园之间的丰美，雄巴拉曲的水如是，桑木村的歌舞亦如是。

3.藏年花开桑木村

溪流走过林卡，在田园间穿行，平坦的马路上，会有车行驶而过。远处，就是连绵的山峰，带着几分寒气的季节，山上还有泛白的积雪。吸一口气，空气凉丝丝的，让人不禁也能多些神清气爽。这里的风似乎都会唱歌，这里的树木在风中摇摆着枝丫，俨然一群舞者。这里是堆龙德庆区东嘎镇桑木村，是拉萨有名的"歌舞之乡"。

"拉萨西边有个桑木村，有着灿烂的文化、特色的歌舞，还有美丽的藏年花……"这首《桑木美景》是桑木村文艺队的歌，也是每一个桑木村人的心声。

藏年花是桑木村的特色。如同农历春节时满街都是烟花爆竹灯笼的场景，藏历新年到来的时候，大街小巷也放满了藏年花。而这些藏年花，大多都来自桑木村。据说村里人在藏历新年之前家家户户都要赶制藏年花，这是祖祖辈辈留下来的传统。如今游客多了，村子里现在也开设了藏年花制作体验的地方。

每逢藏历新年，制作藏年花的人就忙活开了，锅里烧开热水，水中放入染料，将早就晾晒好的青稞穗拿出来，分成一大把，将带穗的一头浸入烧热的染料中，锅中的染料要一直保持是热的，不能冷却下来。出锅后的藏年花，手抓的一头还是原色，带穗的一头已经被分别染成了各种色彩。染色的青稞穗再被挂起来晾晒。最后，一束藏年花分别由几株不同颜色的青稞穗扎在一起。做好的藏年花挂在家中，浓艳的撞色，迎接了新一年的喜庆和欢愉。

这门手艺不知道从何时开始流传下来，只知道桑木村的村民守着这门手艺走过了一代又一代人。

堆龙河水蜿蜒在拉萨的大地上，它带着生气奔流在各样的村庄里，那里的人们在欢歌笑语里守护着自己的日子，这片土地，祥和而安宁。

● 藏戏之乡的蓦然回首 ●

2018年7月30日，是堆龙德庆区第三届觉木隆派藏戏文化旅游节藏戏表演的第五天。

这一天，堆龙德庆的甲热村，即便隔着很远，也能听到一片热闹的欢腾，循着声音看去，这里的藏戏表演正在进行。表演的队伍是玛民间藏戏团，正在表演的曲目是《苏吉尼玛》。玛民间藏戏团的成员，都是一群志同道合的藏戏爱好者，这支藏戏团在1962年成立，目前已经快60年了。这支队伍里的人，既没有经历过十分专业的表演训练，也不是什么专业研究藏戏的理论派。一群人，用单纯的爱和快乐，支持着自己对藏戏的爱。

1. 爱上觉木隆藏戏

玛民间藏戏团团长阿旺扎巴有一把好嗓子，当他作为一个"雄桑肯"（旁白），阐述剧情的时候，抑扬顿挫、一气呵成。他嘿嘿地笑着说，自己没有什么说唱技巧，就是喜欢，干农活的时候也会唱起来。这个团队里的人，和他一样，都是乐乐呵呵的。有表演的时候，大家都尽力表演。演员不够用的时候，也不会乱成一锅粥，而是一人分饰多角，忙而不乱地完成演出。他们知道，就表演藏戏来说，他们并不是最专业的，但是，他们对唱词、唱腔、服饰等都极尽心力。而这一出《苏吉尼玛》，他们已表演了很多遍，早已成竹在胸。

《苏吉尼玛》是八大传统藏戏之一。藏戏，这门戏曲艺术是西藏独有的瑰宝，虽然不在我国"五大戏曲"（京剧、越剧、黄梅戏、评剧、豫剧）之列，却带着藏族人民特有的艺术审美和戏曲特色。藏戏的历史可以追溯到六百多年前，如果说西藏的藏戏是一朵花的花蕊，那么，这朵花的花瓣已然遍布甘肃、青海、云南、四川等地。而拉萨的堆龙德庆，更是有"藏戏民间艺术之乡"的美称。藏戏这种集合了说、唱、跳、弹为一体的表演艺术形式，在高原生根发芽。不过，高原的不同地方，根据环境、习俗、语言等不同，也有不同形式的藏戏。

藏戏又分为蓝面具藏戏和白面具藏戏，其中蓝面具藏戏比较普及，而蓝面具藏戏又有流派之分，分别有觉木隆藏戏、迥巴藏戏、香巴藏戏、江嘎尔藏戏。其中觉木隆藏戏又是流传最广、发展最成熟的一个流派。觉木隆藏戏来源于堆龙德庆区乃琼镇甲热村这个被称为"觉木隆"的村落。而乃琼镇也入选文化和旅游部组织命名的2018-2020年度"中国民间文化艺术之乡"名单。村落附近的觉木隆寺，就是享誉几百年的蓝面具藏戏拉萨流派的缘起之地。藏戏的创始人名为汤东杰布，而觉木隆藏戏的创始人就是汤东杰布的学生唐桑。

据说，汤东杰布祈愿要为老百姓们在江河之上建造铁索桥，但是，造桥的资费从何而来就成了一个问题。汤东杰布想到，将寺院的跳神与唱歌结合，再以舞蹈表演，表演内容就是汤东杰布自己所写的历史传说和世间百态。汤东杰布还遇见了能歌善舞的七姊妹，她们也就顺理成章地成为表演者。这种表演形式，即使是不识字的人也能轻松地接受。于是，汤东杰布就到各地表演，修建桥梁的资费就越来越多了，终于铁索桥被他修建了起来。而汤东杰布创作的那种说唱表演艺术，也成为藏戏的雏形。汤东杰布也因此被藏族人民认为是藏戏鼻祖和修桥铁木工匠的祖师。

2.藏戏队：万般滋味，都是生活

前面提到过的玛民间艺术团的《苏吉尼玛》，是蓝面具藏戏觉木隆戏班及其艺术流派的保留剧目。觉木隆藏戏队这个剧团，最初在堆龙德庆区原觉木隆村的"雄巴拉曲"泉水边成立，而在拉萨的很多藏戏队伍，其实都是觉木隆派。

曾经的觉木隆藏戏班是旧西藏唯一带有专业性的剧团，归当时的西藏地方政府"孜恰列空"和功德林寺共同管理，但是，他们并不领取薪俸，主要还是以自己卖艺为生，不过，觉木隆戏班参加雪顿节会演可以获得赏银和食物，而且，他们有官方文书，拥有任意挑选演员的权力，只要业余藏戏班子里有他们看中的人，就可以直接带走，业余班子无法阻拦。

达旦，是觉木隆藏戏传承人，是拉萨首个获得非物质文化遗产项目代表性传承人的民间艺人。他就出生在觉木隆藏戏的故乡堆龙德庆，18岁开始学藏戏，2001年重组觉木隆藏戏队。他如今年纪大了，腿脚不太好，已经不大跳藏戏了，但是，他依然想把觉木隆藏戏传承下去，他自己带徒弟，也指导团队参加演出，随同他一起走遍大小地方的，还有他对觉木隆藏戏的满腔热情，他希望觉木隆藏戏，用自己的唱腔和舞姿，吸引那些来自四面八方的人。

那嘎藏戏队也属于觉木隆藏戏，创建于1700年左右，距今有300多年的历史了。1978年，那嘎村重新组建了藏戏队。2012年，那嘎藏戏申报为拉萨市级非物质文化遗产。那嘎藏戏队的队长阿多也是那嘎藏戏的传承人。他生在那嘎村，13岁的时候爱上了藏戏。他想学藏戏，就去找了当时楚布寺的管家仁青巴桑。仁青巴桑教给他藏戏，引导他多看多听多学。学习藏戏的时候，阿多爱听那嘎藏戏前辈们的故事。那嘎藏戏队的第一任戏师是日喀则的欧罗多吉，那嘎藏戏的新时代，就是他的贡献。后来，就有了藏巴班久、欧罗大郭、土多、仁青巴桑、亘布曲杰，成功地将这门艺术发扬壮大，那些已然历经岁月风霜的古老的服饰、道具和剧本，被保存至今。这些东西从历史里走来，阿多自觉有责任将它们传承下去。

如今，阿多自己也带了学生，他也教授他们如何说唱和舞蹈，告诉他们关于前辈们的故事，也希望他们将那嘎藏戏传给下一代、下下一代人……于是，他们要唱给更多人听，跳给更多人看。农闲的时候，他们会去表演，雪顿节也好，藏历新年也好，在应当载歌载舞的时节里，他们欢庆着每一天的好时光。藏戏艺人们从前辈的手里接过古老而美好的技艺，再让它在新时代的土壤上开出更加绚丽的花朵。拉萨推行"四讲四爱"群众教育实践活动，"四讲四爱"是讲党恩爱核心、讲团结爱祖国、讲贡献爱家园、讲文明爱生活。其实，这也是老百姓稳定安乐生活的基础。那嘎藏戏队就很有创造力地将"四讲四爱"用藏戏的唱法表演出来，深刻的内容，用当地老百姓喜闻乐见的模式展示出来，大家就听得懂、听得明白。

3.看见觉木隆寺

说道觉木隆派的藏戏，就不得不提同在甲热村的觉木隆寺。

有八百多年历史的觉木隆寺是格鲁派寺庙，初建之时的规模比现在大很多，现在只剩下主殿和长寿殿两个大殿。规模虽然不及当初的宏伟，但是，悠久的历史、深厚的藏族文化就是时间给予这座寺庙最好的礼物。

在觉木隆寺的主殿之中，绘制有大威德金刚。金刚守护着寺庙，已经四百多年了。而在长寿殿里，则供奉着三尊长寿佛，足有六七米之高，可以说是西藏最早铸造的长寿佛。

觉木隆寺和当地其他很多寺庙不同的是，除了佛像，寺里还收藏了很多面具。这些面具各有形态，主要是用来"跳神"。这种表演模式和后来逐渐成熟的觉木隆藏戏有渊源。最初，觉木隆寺的僧人进行宗教色彩比较明显的活动表演时，和现在的说唱跳不同，那个时候只跳不唱。后来，普通老百姓逐渐参与进来，藏戏的表演形式、模式都得到了发展和丰富，而僧人在这个过程中逐渐与藏戏表演脱离开来。

藏戏的锣鼓，在欢愉的日子里，依旧会响彻天际，这是藏族人民的祈祷和祝愿，所以，藏戏的词里有他们的生活，藏戏的歌舞里有他们的快活。

●那些寺庙，晴天正好●

寺庙在拉萨并不少见，堆龙德庆也四处遍布着佛香，那些小小的寺庙并非那样华丽雄伟，也并非每日都迎接着众多来自五湖四海之人的香火。它们恍若一块如世外桃源般的清净之地，小小的世界，藏着自己的信仰之乐，虔诚且美好。

1.楚布寺，快乐的地方

往堆龙德庆西北走上60多公里，有一座楚布寺，这座寺庙修建至今，已然在这里历经了千轮春夏秋冬。这儿的刺藤树灌木丛，不知道是否是千年前的模样，也不知道那时，这里是几多光景。

修建寺庙的人是噶玛噶举派的创始人——嘎玛巴堆松钦巴。藏传佛教的噶举派，是在11、12世纪藏传佛教后弘时期发展起来的。"噶"的意思是师长的言教或佛语；"举"的意思是传承，即传承金刚持佛亲口传授秘咒教义。所以，"噶举"的大致意思是佛语口授传承。一般说到噶举派的时候，指的是高僧米拉日巴的弟子达布拉杰的达布噶举，而噶玛堆松钦巴则是达布拉杰的弟子。

噶玛堆松钦巴在50岁的时候在此修建房屋并打坐修行。公元1189年，楚布寺正式建寺。寺庙建筑面积为87900平方米。楚布寺也不是一朝一夕建成，而是在第一任修建者堆松钦巴后，经过了历代噶玛巴的延续扩建，形成了以措钦大殿为中心，四周环绕四个扎仓，并以经堂、神殿、僧舍及拉让、修行点等建筑群组成的一座雄伟壮观的佛教胜地。此后，楚布寺就成为噶玛派的母寺。他的弟子丹郭木则修建了集会大堂和配殿，还将寺院进行了扩建。寺内供奉的大佛像，据说用了三年时间才完成。

1405年，噶玛德辛协巴受明朝永乐皇帝的邀请，前往南京，他从楚布寺出发，足足走了两年时间才到达了目的地。永乐皇帝亲自到城外相迎，并敬茶，赠送纯金千辐轮。他还在春节时期，十五日内为噶玛德辛协巴举办宴会，表演歌舞。皇帝让噶玛德辛协巴为他讲述佛法，并赐予厚礼，并让噶玛德辛协巴参与了皇帝母亲过世后的丧葬仪轨。同时皇帝还用一百两黄金打造

了一副金匾,刻着汉字"万行具足十方最胜圆觉妙智慧善普应佑国演教如来大宝法王西天善自在佛领天下释教",简称"大宝法王"。皇帝不仅对噶玛德辛协巴一人如此厚待,更是对同去的楚布寺高僧仲布瓦、噶西瓦仁钦拜、堪钦贡伦巴御赐灌顶国师的封号、金印。后来,噶玛德辛协巴一行人在1410年回到了楚布寺。

在《藏传佛教噶举派》一书中,记录了收藏在楚布寺的内供,分别是"米拉日巴大师的钵和禅杖、用纯金汁书写的《甘珠尔》一百五十函、稀有的吉祥法螺号、观音菩萨、五佛(大日如来、不动如来、宝生如来、无量光如来、不空成就如来和金刚持)、堆松钦巴大师和噶玛德辛协巴大师的灵塔等"。[①]

1962年,楚布寺被公布为第一批自治区级文物保护单位。后因寺庙有损毁,20世纪80年代开始修复,如今规模已经基本恢复了。这里依然供着各种珍宝,也依然如同一座珍宝。如今,楚布寺的酥油灯闪着点点星火。"楚布",在藏语里就是幸福、安逸的意思。这里的僧侣们似乎很好地演绎了这

[①] 古格·次仁加布:《藏传佛教噶举派》,拉萨:西藏人民出版社,2007年版,第70页。

些词。僧侣们没有那种拒人于千里之外的冷漠，而是带着笑，带着善意，交谈的时候，汉语、藏语，再加上肢体语言，彼此也能够有种心有灵犀。有人要拍照，他们就露着笑脸，温暖而淳朴，性子活泼的就比个"V"的手势，带着虔诚的信仰和年轻人的活力。

如果你来过这里，你会看到这儿的山，看到阳光从天空透下来，会记住楚布寺，风马旗，那里的鸟语花香，还有可爱的僧侣们。

2. 乃朗寺的微光

要是去了楚布寺，其实可以顺道一起前往乃朗寺。从楚布寺前往乃朗寺的路上，多是石山。山脊露出来，满眼都是褐色的石土。有河流从山间的平地流过，水深不会骇人，却也是急速前行的模样。水里和两边的岸上，一颗颗或大或小的石头堆拢着，虽然没有繁茂的花木，却有一种天然的野趣。再往远处看去，天冷时节，山上便像撒下霜糖一样，沾染了一些积雪。拉萨的雪，总有各式的模样，有些温柔得像白色的粉末，有些厚重得如守护雪山的神兽……

盘山而行，到了一处山顶，远远地就可以瞧见一座寺庙，模样和楚布寺有些相似。噶玛噶举派有两个比较重要的活佛系统，一个是黑帽系，一个是红帽系。楚布寺就是黑帽系，而乃朗寺属于红帽系。

红帽系的第一世活佛是多丹扎巴森格，他是远近闻名的大德。他分别去过楚布寺、桑普寺、萨迦寺，跟寺里的大师学习佛法。在1333年，他就在离楚布寺不远的地方建立了乃朗寺。寺里当时有上百名僧人，并被御赐"灌顶国师"之称，同时，被赐予了一顶红色僧帽。从此以后，噶玛噶举派的红帽活佛系统产生。

来到如今的乃朗寺，映入眼帘的就是红色的砖墙、黑窗、金顶。门口有两个白色的煨桑炉，炉口已经被熏黑，那里常年冒着青烟，缥缥缈缈，让寺前多了几分氤氲。寺前还有一排转经筒，有人从这儿走过，虔诚的人会用手抚着念经。来这里的人并不拥挤，却也不会十分稀少，总有一种温暖而沉稳的气氛。附近的建筑物也不会很密集，安宁得很。山上还有一座小房子，据说，有时候寺里的喇嘛需要闭关修行了，就会去那处。

听到的，是山水相和的声音，风声，水声，云声。看到的，是一山一寺，来往的虔诚信徒。来到这里的人，心中也会平和。

3.直龙寺遗址：废墟的忧伤

藏传佛教噶举派的寺庙，在堆龙德庆迎接着众人，而其他流派的寺庙，也有自己的独特风采。早在2016年，拉萨市已启动当地最大的苯教寺庙——直龙寺遗址——的考古研究工作。

苯教，是佛教传入西藏地区以前，青藏高原的主要信仰宗教，是西藏地方的原始自然崇拜与外来文化影响产生的宗教。《西藏通史》一书对苯教的描述是这样的：

"本教的发源地和早起传播地是象雄（zhang zhung），即汉文史书中的'羊同'，其地理位置相当于今天西藏自治区阿里地区。其圣地在今札达县和普兰县之间的曲龙一带，即本教文化中的琼隆银官（kyung lung）。本教的创始人是辛饶米沃（gshenrab mi bo），关于他是否是一位历史人物，学者们还没有形成一致的看法。按照藏文史书中流行的一种说法，他来自大食的魏摩隆仁（stag gzig vol mo lung rings）。"①

在苯教信仰中，山川湖海、日月星辰都是崇拜对象。苯教的流派又分为因苯教四派（朗辛白推坚、楚辛白村坚、恰辛久梯坚、杜辛村恰坚）和果苯教五派（格尼、阿迦、仗松、耶辛，另有最上一乘，合称九乘）。关于苯教创始人辛饶米沃，据说，14世纪的苯教大师罗丹宁布云游到苯教神山工布本山，有一天正在坐禅的时候，另一位苯教大师当钦穆擦皆美通过意念传授了他祖师辛饶米沃的生平事迹。于是，罗丹宁布就将这些故事记录下来，写成了传记。

直龙寺遗址位于堆龙德庆区乃琼镇，修建时间可以追溯到1088年，已经有900多年的历史了。该寺遗址所在地称为"向"（母舅）地，在苯教教史中，称直龙寺为苯教大师向敦·当巴崔希的祖寺。

曾经，直龙寺也有过辉煌无比的岁月，宏伟的建筑，满寺的僧人。但是，蒙古大军到来，毁寺灭僧，曾经佛音响彻那一方天地的地方，到了如今，只剩下一个遗迹，向世人宣告着，在那段残酷的历史中，曾有一座苯教

---

① 陈庆英，高淑芬：《西藏通史》，郑州：中州古籍出版社，2013年版，第19页。

寺庙矗立于此。这座寺庙所有的荣耀和虔诚，都在几百年前的一场铁蹄中化为乌有。

现在的直龙寺遗址上，矗立着一块石碑，上面写着"堆龙德庆区级文物保护单位直龙苯教寺遗址"。到了此处，除了远山和雾气，便是石碓、石墙、风马旗，再不见当年的寺庙，再不闻曾经的诵经声。空灵的山间，略带着一些寂寞和悲伤。

人们来到这里，缅怀着苯教的过往。

堆龙德庆的寺庙，总带着一些天地山水的灵气，不知是否是一方水土养了一方建筑，那些小小的寺庙，幽静、祥和，云深不知处，只在此山中。

第三章　看一场"尼木三绝"

拉萨的作坊,手艺人的聚集地,尼木县,这座指尖上的县城。

吞巴人的手上,都点缀着藏香的味道,那里的水木,都承载着人的灵性。

毒草在雪拉人的手上,也变成了足以珍藏的艺术品,一张藏纸,藏了多少匠人心魂。

当刻刀和双手在雕版上起舞时,普松雕刻,既是技艺,也是记忆。

大美尼木,工匠人生。

●尼木县:拉萨的作坊●

沿着318国道,来到距拉萨市120千米左右的尼木县。这里的天地山川,这里的人文风貌,都带着一种藏族人民从历史深处走来的厚重感。这个平均海拔4000米的地方,靠着雅鲁藏布江中游北岸,被称为"拉萨的作坊"。尼木县,这是一个手工艺人灵魂的栖息地。同时,它还有很多其他的称号——拉萨粮仓、藏文鼻祖之乡、藏香文化之源等。古老的藏族文化,带着穿越历史的仆仆风尘,走向我们新一代的人。

截至2019年2月,尼木县共有非遗项目10个,非遗传承人25名,其中国家级传承人3名,自治区级传承人4名,市级传承人9名,县级传承人9名。全县与非遗相关的合作社(含企业)有88个,其中尼木非遗传承人开办的合作社(含企业)占15个。

西藏的农业和手工业发展在松赞干布时期有了一大飞跃,雅鲁藏布江这条母亲河给予了当地极好的农业发展条件,充足的日照,适宜的气候,发达的农耕条件,让尼木县有了成为"拉萨粮仓"的资本。在吐蕃时期,藏族人民就十分重视农田水利,而在文成公主来到吐蕃之后,她从中原地区带来的植物种子,丰富了当地单一的植物品种,同时,她还带来了中原地区先进的生产工具和生产技术,中原水磨等工具让当地粮食有了更加精细的加工技术。

就手工业来说，在吐蕃时期之前，高原各地已经有了比较优秀的手工技能，比如铸剑、鞣皮。吐蕃时期手工业的发展更多是受到来自内地先进技术的影响，因为文成公主带去了许多有一技之长的能工巧匠和先进工艺技术的书籍，当时中原的茶叶、造纸技术等传入吐蕃，并对吐蕃当地的手工业及后世生活方式都产生了重大影响。

1. 吞弥·桑布扎故居：吞巴传奇从这里走过

我们回首历史，在吐蕃松赞干布时期，松赞干布手下的一名重臣吞弥·桑布扎，他出生在尼木县，不仅发明了藏文字，并还将藏香制作教授给当地人。现在，我们依旧能够在尼木县目睹藏文字的展示与藏香制作工艺的流程，由282座水磨组成的"水磨长廊"景观和非物质文化遗产"尼字体"仍旧保存完好。它们承载着千百年的记忆，让现在的人们能够一览当年藏族人民的风情。

吞弥·桑布扎故居，如今就在尼木县吞巴乡吞巴村，关于吞弥·桑布扎故居的发现，还有一段有趣的故事。2003年9月的一天，吞巴乡吞巴村村民白玛桑珠正在重新整理清扫房屋，正中间大屋墙上的报纸被撕开，随着墙上陈旧的白灰被清理干净，令人意想不到的是，墙面上开始出现色彩斑斓的壁画。后来，吞巴乡政府将这间房子保护了起来。这个60平方米的老宅子，四面墙壁都是壁画，壁画里还有吞弥·桑布扎向松赞干布献经的场景。更加有趣的是，这个老宅院落本身也被画在了墙上，成为古老壁画的一部分。宅子里画着壁画，壁画里画着宅子。画上的宅子和现实的宅子，一般无二。

谁又能想到，一个村民住了三十多年的地方，竟然会是吞弥·桑布扎的故居。

1300多年前，松赞干布派遣包括吞弥·桑布扎在内的四个大臣一起去天竺取经学法，四人中有三个因为饥寒交迫而身故，最终只有吞弥·桑布扎一人学成归来。当时，松赞干布已经基本完成高原各部落的统一，但是，如此强大的一个政权却没有书写自己文化的文字，无法记载和传承属于自己的历史。这一点，让松赞干布十分懊恼。后来，经松赞干布授意，吞弥·桑布扎开始创制藏族文字。从天竺归来的他，参照了梵文的50个根本字母，创制了藏文的30个根本字母；从梵文的16个元音中造出4个藏文元音字母。吞弥还将梵文34个子音字，去掉5个反体字、5个重叠字，又在元音中补充了元音

"啊"音,补充了梵语"迦、洽、稼、夏、啥、阿"等6个音,制定出4个母音字及30个子音字的藏文。后来,吞弥·桑布扎又根据古印度的声明论著,结合藏文自身属性,编出了《文法根三十颂》。此时,藏族才有了自己的文字。当藏文出现之后,藏族人民的著述翻译和历史记载进入了新阶段。

吞弥·桑布扎的贡献是创制了藏族文字,还有教授当地老百姓藏香的制作技艺,并使之普及推广,藏香制作直到现在也是吞巴乡老百姓的重要收入来源。同样还是当地重要经济支柱的产业还包括藏纸、经版雕刻等。当地的老百姓依靠自己勤劳的双手,创造了灿烂的民族文化。这也说明勤奋的华夏民族,即使在积雪皑皑的高原,也能通过自己的汗水和智慧,开创出绚烂的文明之花。

2. 吞巴景区,文化长廊

吞弥·桑布扎的故事,在吞巴乡流传了千百年,如今,吞弥·桑布扎故居也在吞巴乡的守护下,等待着前来拜访它的人。不过,吞弥·桑布扎故居只是珍宝盒里的一枚珠宝,这个珍宝盒就是"尼木吞巴景区"。

尼木吞巴景区,汇集了尼木县所有的非物质文化遗产项目,包括三项国家级、五项自治区级非物质文化遗产,它们分别为尼木藏香、雪拉藏纸、塔荣藏戏、普松雕刻、藏靴、藏陶、藏鼓、藏文书法,其中,尼木藏香、雪拉藏纸、普松雕刻合称"尼木三绝"。

2004年年初,拉萨市将尼木县吞巴乡列为全市旅游文化开发保护区。2014年,吞巴乡政府所在吞达村被列入中国历史文化名村名录。2016年10月14日,吞巴乡被国家发展改革委、财政部以及住房和城乡建设部认定为第一批中国特色小镇。吞巴乡的发展模式,正好可以为西藏的乡镇转型提供模板——以丰厚的文化底蕴为依托,建立自己的特色产业,销售民族特色产品,展现非物质文化遗产的魅力,全方位推动当地的特色旅游。悠久的历史文化得以保存和推广,老百姓的日子也可以越来越富足。

来到吞巴景区,群山如黛,流水潺潺,水磨作坊在水流中转动,四季不停轮转。这条水磨长廊大约3公里,包括了藏香从原材料制作、磨料、晒砖、配料到成品的几乎所有过程。这些水磨有后天修建的,也有几座具有千年历史的"古董"。一条木质道将各处景点都串联在了一起,人们走在栈道上,脚下传来木头摩擦的"嘎吱嘎吱"的声音,耳边则是流水声,以及水流牵动下的水磨运作声。吞巴村里的很多人家世世代代都做藏香，所以，也会有很多人家在院落里晾晒做好的藏香。一路走来，并没有太多嘈杂的声音，世界沉浸在一种木质香气中，沉静而安稳。这条水磨长廊将远去的历史和现实的生活串联起来，彼处是千年前的水磨，此处是行进中的藏香。

我们所行走的，不是空间的距离，而是时间的叠加。

在吞巴景区里，除了水磨长廊这个核心景区，还有一条文化长廊。这里陈列着西藏历史上13块著名石碑的复制品，如唐蕃会盟碑、恩兰·达扎路恭纪功碑。在这些碑文上，我们可以感受藏族人民历史的变迁，以及藏文字的魅力。

同样将藏文字的精妙之处展示在众人面前的，还有景区里的一座吞弥·桑布扎藏文字博物馆，这是我国第一座以藏文字为展示主题的博物馆，这座博物馆就在吞弥·桑布扎故居附近。一座是藏文字创制人的故居，一座是藏文字集中展示区，两个地方如同冠上明珠相互呼应。一个伟大的人物，用曾经的居所收藏着久远的故事，也将自己的功绩和贡献铭刻在了后世人的心中，而这份后人的敬意终究汇成了一座藏文字博物馆。这座博物馆是典型的藏族风格建筑，一走进馆内，就能看到吞弥·桑布扎的蜡像。墙壁上则有唐卡，记录了吞弥·桑布扎从出生、成长、求学归来直到去世的整个人生历程，就像是一幅幅色彩斑斓的简短人生传记。博物馆里的收藏物既有古藏文复制品，也有当代藏文书法家的亲笔作品。

景区里还有一个非遗展示区，不仅有身为"尼木三绝"的藏香、尼纸、雕刻，同时也有其他非物质文化遗产传承人会来做相关非物质文化遗产的工艺展示。

●藏香：吞巴有味是清欢●

"我的目光遥望，遥望一个遥远的地方，我又看见一片高原风光，蓝蓝的天空像大海一样宽广。绿绿的草原，放牧着肥壮的牛羊，我的目光遥望，遥望雪域深处的故乡……哦！藏香，哦！藏香，你给我多少美好的想象，哦！藏香，哦！藏香，你打开了一扇天堂的小窗。"

一曲《藏香》，仿佛让我们看到了一个梦中的雪域。

在拉萨，风里都带着香气。这是一种让人凝神静气的味道，飘散在八廓街里，出现在老百姓的家里，供奉在寺庙中。这种香气，源于藏香。而西藏最著名的藏香原产地之一，就是拉萨市的尼木县。

1.千年木香

尼木藏香的历史，要追溯到1300多年前，藏文字的创始人吞弥·桑布扎亲手将这项技艺传授开。尼木藏香是藏医药的一个分支，有安神醒脑、养心明目、醒酒、杀菌驱虫等功效。传统藏香的原料十分复杂，一般情况下，以柏木或榆木为主，再搭配其他香料。

吞巴乡有一条河，被称为"不杀生之水"。相传，吞弥·桑布扎为了制香，需要将柏木研磨成粉末，人力实在太难完成了，于是，他就制造了木质水车，利用水车转轴的力量，就可以将柏木轻松磨好。但是，他发现，当水车运转时，会有不小心游到附近的鱼儿被碾压。于是，吞弥·桑布扎就在河口立了一块牌子，上面写着"鱼儿不得入内"。牌子立好之后，竟然真的没有鱼儿再游到此处。

这就是"不杀生之水"的故事，也是一个关于善念的传说。

制作工艺主要是利用水车的带动，将截成小段的柏木，在石槽里磨成粉；再将木泥与其他香料按照一定比例混合在一起，不停地揉搓；之后，再把这种香泥按压进牛角里，从牛角尖细的一端挤压出来，一般老师傅挤压出来的香泥，都是大小长短几乎相同的形状；最后，等着香泥阴干就行了。整个过

程虽然看似并不复杂，但是，每一个环节中的细节都不能马虎。若柏木没有磨好，木泥就不会细腻，后面的流程也就不会顺利。若原料配比和手法不对，那么，香气和质感就会受影响。若挤压香泥时手不稳，香泥就无法统一形状……我们可以相信，藏香最初的凝神静气，源自藏香匠人的一颗安宁心。

藏香有末香、瓣香、线香、盘香等之分。末香是粉末状的香木，既可以涂抹在身上，也可以直接焚烧；瓣香，就是小块檀木，上等檀木是供佛的好物；线香是直线条状，而盘香则呈现螺旋的盘纹，都可以直接点火焚烧。

清香一缕，自有匠人心魂。

2.万事有心，人间有味

藏香老师傅加措，从19岁开始制作藏香，在这一行已经做三十多年了。他的父亲也从事藏香制造，他则沿袭了父亲的手艺和心境。加措家的藏香有一种独特的味道，这或许和他所使用的丰富原料有关，除了主料柏木，还有藏红花、麝香、白檀香、红檀香、紫檀香、水安息等28种香料。他还自己研制配方，让自家的藏香更加受欢迎。加措对藏香的爱，烙印在骨子里，而藏香也没有辜负他。2008年，加措注册了自己的藏香品牌——"罗布仁青古藏香"。早在2013年，他就成立了尼木县吞巴乡罗布仁青古藏香有限责任公司。

现在，他是村里有名的致富带头人。

加措的身上，有很多藏香匠人的影子——他们祖祖辈辈都制作藏香，他们用藏香讨生活，也在这个过程中真正地爱上了这份手艺。我们也能看到一种藏香制作工业的发展历程，从零散的手工小作坊，开始走向更加规范化、标准化的藏香产业。

吞巴乡藏香制作工艺在2008年被列入国家级非物质文化遗产，吞巴藏香也在2013年申请为国家地理保护标志产品。目前，吞巴乡全乡制作藏香户共271户，有传统藏香手工艺专业制作人525名，吞巴河沿岸分布着273座水磨。藏香产业是吞巴乡的重要支柱产业。2018年，全乡藏香产业总收入达1181.7万元，占全乡第二产业总值的67.5%。

2016年成立的尼木吞巴藏香净土产业有限公司，是吞巴乡成立的第一个以藏香制作、销售和工艺展示为一体的企业。公司在"吞巴乡藏香农民专业合作社"原本12户藏香制作户的基础上，又吸收了吞巴乡23户藏香制作群众。有了公司更专业化的运营，藏香手艺人的日子是越来越好了。

村民次仁扎西就是这些手艺人中的一个人，他总是回想曾经的日子，那个时候，藏香销售还是家庭作坊式的售卖模式，关于如何对接渠道和买家，大家都是两眼一抹黑，所以，想靠着藏香增加收入就很困难。等大家都加入了公司后，经过专业的培训，他们制作的藏香有了稳定的销售渠道，不仅有政府引领藏香产业的发展，还有各种扶贫政策，大家的日子都不再像以往那样拮据。

如今的吞巴乡，恍若还是千百年前的模样，小河流水，藏香飘散，家家户户靠着自己勤劳的双手，不仅推动了自己的幸福生活，还继承、发扬了千年技艺。吞巴乡如一场梦，芬芳四溢。

● **雪拉藏纸：毒草上绽放的生命** ●

一张纸，承载一段历史，诉说若干故事，尼木县的雪拉乡，如果有必须提到的东西，那必然是雪拉藏纸。

1. 纸的历史

《天工开物》中有一段介绍"纸"的文字：

"身为竹骨与木皮,杀其青而白乃见,万卷百家,基从此起,其精在于此,而其粗效于障风、护物之间。事已开于上古,而使汉、晋时人擅名记者,何其陋哉。凡纸质用楮树皮与桑穰、芙蓉膜等诸物者为皮纸。用竹麻者为竹纸。精者极其洁白,供书文、印文、柬、启用。粗者为火纸、包裹纸。所谓杀青,以斩竹得名,汗青以煮沥得名,简即已成纸名,乃煮竹成简。后人遂疑削竹片以纪事,而又误疑'韦编'为皮条穿竹札也。秦火未经时,书籍繁甚,削竹能藏几何?如西番用贝树造成纸叶,中华又疑以贝叶书经典。不知树叶离根即焦,与削竹同一可哂也。"[1]

这段话的意思是,纸以竹竿和树皮为原料,除去其青皮而制成白纸。诸子百家的万卷图书都借助于纸而传世,精细的纸用在书写历史、知识等方面,粗糙的纸则用来糊窗和包东西。造纸术起源于上古时期,但是有人认为是汉朝、晋朝时期某个人发明的,这就是孤陋寡闻了。凡是用楮树皮、桑皮、木芙蓉皮等为原料做出来的纸被称为皮纸,用竹纤维、麻纤维为原料做出来的纸被称为竹纸。做工精细的纸非常洁白,用来供给书写、印刷、书信、文书。做工粗陋的就拿来做火纸(供焚烧用的迷信用纸)、包东西的纸。所谓"杀青",因砍竹造纸而得名。所谓"汗青",因蒸煮竹子而得名。所谓"简",为纸张名称。因为煮竹成简,后人误以为前人是削竹片记事,还误以为"韦编"就是用牛皮穿在竹简上。秦始皇没有焚书以前,经典古籍有很多,削竹记事能记多少?像西域用贝树造贝叶,中华又有人误以为用贝叶来写佛经。难道不知道树叶离根就枯萎的道理?这种说法和削竹片记事一样可笑。

书中寥寥数语,大致说明了造纸的原料、纸张的精陋分类,以及一些关于纸的误传。

纸张在我国有悠久的历史,四大发明之一就是造纸术,纸张的出现让我们进入了更加便捷地记录、书写、传递、传承知识的时代。当这种造纸技艺融入藏族人民的历史时,我们又会发现什么明亮的文化之珠?

---

[1] 宋应星:《天工开物译注》,潘吉星译注,上海:上海古籍出版社,2008年版,第167—168页。

藏纸，是藏族的一种文化产品。藏纸的制作工艺可以追溯到文成公主带到吐蕃的造纸工匠。藏纸在藏族的不同地区也有分类，如康纸、金东纸、塔布纸、工布纸、波堆纸、门纸。藏纸的主要原料也有分别，有的使用狼毒草，有的使用沉香，有的使用灯台树，有的使用野茶花树。"尼木三绝"之一的雪拉藏纸可以称作其中的精品。

2. 雪拉藏纸：从草到纸的奇观

尼木县雪拉村有这样一位老人，他穿着白上衣、黑长裤，带着灰色帽子，脸上和手上的皮肤有些黝黑，掌心却有些发白。就是这双手，采摘过高原的剧毒植物——狼毒草。也是这双手，让狼毒草延续了它更加神圣的使命——成为"尼木雪拉藏纸"的原料。这个老人就是尼木雪拉藏纸传承人次仁多杰。

2006年，藏纸生产工艺被列入第一批国家级非物质文化遗产名录。

2009年，次仁多杰获得国家级非物质文化遗产代表性传承人称号。

14岁就随父亲一起制作藏纸的次仁多杰，彻底继承了父亲的手艺。他说："小时候家里靠务农为生，但只有两亩地，根本不够维持生计，村里大多数人家也是同样的情况。于是大家都是农忙种田，闲时做藏纸。父亲就是靠着做藏纸来养活家人的，我是从父亲那里学的手艺。"

一开始如同大多数人一样，他想的是用这手活儿养活自己。这项1300多岁的技艺流传到现在，已然不再有年轻时候的活力了。藏纸的原材料狼毒草生长周期很长，需要五到十年的生长周期，这也就决定了雪拉藏纸的稀缺性。煮熟后的狼毒草没有太大的危害，但是，上山采摘，足够次仁多杰头疼，因为采摘狼毒草的过程中，会出现眼睛刺痛、皮肤红肿等问题。每年7月，是狼毒草开花的季节。当地人管狼毒草叫"纸夹巴"，这种生长在草原和高山草甸的植物，没开花的时候十分低调，整个儿隐匿在草丛中。然而，一旦花开就变得十分艳丽，桶状花球，红色花心，植株能够长到半人高，它的根则含有毒液。这种毒性，让牛羊见着都速速远离。

尼木藏纸的制作工艺分为采料、泡洗、捣碎、去皮、撕料、煮料、捶打、打浆、浇造、晾干、揭纸，以及研光。

采摘回来的狼毒草经过洗泡，清理干净泥土后，把根茎放在石盘上，用铁锤捣碎，以便使外皮和内芯分离，再用刀子剥离外皮，留下韧皮，最终用手将韧皮撕成细丝。将韧皮丝放在锅里煮，一边煮还要一边搅拌，观察韧皮丝的煮烂程度。这个时候，植物纤维的原始纸料就逐渐出现了。把纸料放在石盘上反复捶打，捶打出来的浆料再放到容器里反复搅拌成浆。在活水水池中小心翼翼地放入长方形的纸帘，把纸浆缓慢地浇入纸帘，让它呈现均匀、平整的状态，然后，双手扶住纸帘，保持平稳，慢慢地将纸帘从水中抬起来，这个时候，水就会慢慢地从纸帘过滤下去，剩下一层平稳均匀的纸浆。之后，再将纸帘放在太阳下晾晒，过程中需要翻面，以防纸浆堆积。等到纸帘九成干的时候，就可以把纸张揭起来了。掌心朝向纸张，从一角慢慢地掀开。最终，根据需求进行砑光处理。砑光是一种古老的技艺，就是用曲面的石块研磨纸张、布帛或皮革等，让它们变得更加光亮紧密。

那么，使用了狼毒草的雪拉藏纸和普通纸张的区别在哪里呢？普通纸张时间一长，有可能泛黄或遭虫蛀鼠咬。尤其在潮湿的天气或者沾水后，不好好处理，会发皱，甚至发霉。纸张在使用过程中，有可能会有折印，而折印有可能导致撕裂。

但是，藏纸不同。尼木县雪拉藏纸农牧民专业合作社产品展示厅内，一张传统工艺制作的雪拉藏纸成品，一支装着普通墨水的钢笔，一个长方形的透明玻璃盆。来此观摩的游客可以做一个试验——用钢笔在藏纸上随便写写画画，然后将纸放到水中揉搓，最后，不仅藏纸没有被揉烂，纸上的字迹也没有被破坏，这就是藏纸最大的特点——遇水不化。而藏纸的保存时间也非常之久，这个事实可以通过西藏寺庙等地中保存的具有千百年历史的古籍证明，这就是藏纸的第二个特点——千年不腐。这样的特性能够保证纸张可以长久保存下来。拉萨的很多古籍，使用的就是藏纸。自然，藏纸也成为拉萨文物修复的特定纸张。

3.技艺，用来淬心

20世纪60年代开始，更便宜的工业纸张盛行，这动摇了很多藏纸匠人坚守下去的决心，很多人不再干这一行，改做生意或者去外地打工。藏纸原材料稀缺、成本高、产量低等问题避免不了，但是，即使是在这些问题的冲击下，次仁多杰依旧坚持了下来。

念念不忘，必有回响。

1985年，成了次仁多杰的一个转折点。为了修复古籍，西藏自治区档案馆需要大量藏纸。购买这么大量的藏纸是一个很艰巨的任务，就有人找到次仁多杰，并与他签订了15年合同。关于藏纸销售渠道的问题，就这样解决了。

如今，次仁多杰的两个儿子也继承了父亲的手艺，成为藏纸制作人。他们父子三人也是尼木雪拉藏纸制作技艺仅存的3位传承人。为了不让尼木藏纸工艺的活力逐渐消沉下去，次仁多杰在尼木县政府的帮助下，开了一家尼木藏纸店。这项藏族的传统工艺在互联网浪潮中也激起了一朵小小的浪花，通过网店销售，有很多人出于收藏或个人爱好来购买藏纸。

次仁多杰的儿子格桑，是尼木县雪拉藏纸农牧民专业合作社的负责人。他原本做的是木匠活儿，但是，一方面他感慨于逐渐年迈的父亲，一方面他也不想父亲坚守了许多年的藏纸工艺就这样失传，他想要继承藏纸制作的事业，将藏纸推向一个更加美好的未来。他的雪拉藏纸农牧民专业合作社里，除了父亲和弟弟，还有9名当地村民来学习造纸技艺，而其中有6名是贫困户。这既是当地政府"非遗+扶贫"的政策，也有格桑想要推广藏纸工艺的初心。格桑说："因为以前尼木县传统造纸业一度萎缩，造纸技艺几乎面临失传，仅有父亲一人还掌握这项技艺。而如今有了上级的支持和帮助，我们的手艺人队伍也在不断壮大，在掌握了一门技艺的同时，合作社的学员也实现了就近就业增收。"不仅是来学习技艺的学徒，格桑对自己的孩子也有期盼，他从父亲的手中接过藏纸工艺，同时也想将它传授给自己的孩子。他还说道："我家的孩子以后会继承家族传下来的技艺，但他们先得上大学，我相信有文化知识的他们一定能够做得比我们更好。"

雪拉乡的风景，是藏纸，也是传承藏纸的人。故乡还在，我们就都有家。雪拉乡的历史，雪拉乡的文化，都镌刻在雪拉乡人的魂魄里。

● 普松雕刻：指尖上的修行 ●

在拉萨，艺术的花朵在许多不经意的地方绽放。

1. 雕刻：刻刀上的艺术

藏族的雕刻工艺是老百姓喜闻乐见的一种艺术。那些精致的美感贯穿于人们的生活中，在古老建筑的横梁、托木、门窗的花鸟虫鱼雕刻上，在藏族工艺桌柜每一处的精心打磨中，在寺庙供奉的佛像里，那些千姿百态的形象、生趣盎然的故事、典雅庄重的文化，就在刻刀的碰撞中，从原始古朴的原料走向了精致华丽的艺术品。

从雕刻方式来看，西藏的雕刻分为立体雕、镂空雕、浮雕等。使用的工具一般有刻刀、锤子、凿子、锥子等，不同的工具用来呈现不同的雕刻效果。雕刻工艺在我国有悠久历史，根据雕刻材料的不同，也分为木雕、石雕、金属雕、牙雕、玉雕、竹刻、骨刻等。拉萨比较普遍的传统雕刻原料主要是金属、木石等。

西藏的雕刻艺术，最初和宗教的关系颇为紧密，如佛像、佛塔的铸造。所以很多雕刻作品的内容，是宗教故事、佛祖菩萨，也有花鸟虫鱼等。西藏的雕刻最开始的时候有着原始古朴的质感，如早期的经版木雕，就是形简而神不简，比如，在木板上雕刻佛像，用线条代表眉毛，用点代表眼睛，但是整体造型传达的意向能够到位。西藏的雕刻艺术在逐渐成熟的过程中，也受到了当时克什米尔地区、中原地区等的影响，在吸收了众家所长之后，西藏雕刻逐渐打磨出独属于自己的繁复华丽的风格。

2.普松雕刻：木头上传承的文明

2018年10月，北京举行了第十三届中国北京文化创意产业博览会，其中的中国国际展览馆8011号馆吸引了众人的眼光。远远望去，便能看见店内的"拉萨印象"四个字。白色的墙面，红色的立柱，让人想起了阳光下的布达拉宫。等走近了可以看到店内琳琅满目的商品，而在一个显眼位置的展台上，放着的正是"普松雕刻"。

西藏的山口上，有许多五色经幡，它们在风中飘扬，抖落着寒风带来的清冷。这些经幡都是用普松雕版印制而成。

追溯普松雕刻的源头，我们就要前往尼木县的普松乡，这里就是知名的"雕刻之乡"。2009年，普松雕刻制作技艺被列为西藏自治区级非物质文化遗产。普松乡的老百姓家里，似乎都弥漫着一股木头和油墨混合的味道。这种味道，伴随着普松乡世世代代的老百姓，已然千百年之久。普松雕刻的技艺可以追溯到公元7世纪，它的起源很有一些传说性和故事性。

传说，吐蕃赞普松赞干布正在为定都的事情烦恼，有一日来到拉萨河谷，河水清凉，松赞干布于是下河沐浴，就在此时，阳光照射到河面岩石上，岩石反射出六字真言，松赞干布即刻让人在石头上雕刻佛像，最终决定在此定都。

普松雕刻正从此演化而来。

雕刻，是人类双手的魔法，是木石与刻刀之间的共鸣。刻刀所及之处，就是雕刻匠人的匠心所及之处。匠人们刻出来的，是他们眼睛看见的，是他们口耳相传的，是他们心中所想的，是他们的信仰，是他们的思想，是他们的挚爱。一把刻刀所激起的尘屑，是匠人对匠心的打磨。

普松雕刻的整个过程十分繁杂，且都需要手工操作，雕刻经文的步骤少一些，雕刻佛像则复杂很多。雕刻过程一般操作有十五六道工序，多的有三十多道工序，包括选木、制作、雕刻、修整等。

刻刀是普松雕刻的必备工具，匠人的手和刻刀之间，需要建立一种灵魂共通的默契，才能在下刀雕刻的时候，显得沉稳和安宁。所以，每个匠人都有一套自己的刻刀，一组下来，可以有二十多把。

2015年，普松乡的七个有二十多年雕刻经验的老师傅决定成立了一个"普松雕刻独具传承农牧民专业合作社"。他们采用的木材是从林芝采购的桦木。桦木很适合雕刻，软硬适中，且易于保存。到手的木板打磨处理好，再涂上"冰"，"冰"是一种胶，就是熬制好的牛皮加上一些面粉。然后将描绘有内容的纸正面朝下粘贴在木板上，晒干，涂上菜籽油，刮掉纸后木板上就显出了字迹。最后，雕刻师傅再反向进行雕刻。

3.匠人匠心，一生一事

斯曲是普松乡的老雕刻师傅，他的父亲干了这一行，也把自己的手艺传给了他。他也做了几十年的老师傅，如今，他把手艺也教给了自己的儿子。他爱这一行，他爱雕刻，不仅是因为这是谋生的手段，更因为在天长日久的沉寂中，他能从雕刻中获得平静的乐趣。整个雕刻过程，是在时间的流逝和心境的安宁中度过的。斯曲就是这样。他在家里，左手木板，右手刻刀，一天，就这样过去了。这样的生活，在很多人看来是无趣的，但是，很多像斯曲这样的雕刻匠人，总是怀着一种"子非鱼，焉知鱼之乐"的情绪。或许，当他们沉浸在雕刻世界中时，那种充实和美好，实在不足为外人道也。

一项千百年传承下来的手艺，就这样一代又一代地，在匠人们手中生出更加光辉的色彩和久远的生命。那些匠人们或故去，或衰老，他们曾经年轻的容颜，随着手上老茧的生发，逐渐衰败，然而，世世代代留下来的普松雕版，却在历史中留下了姓名和身影。

如今，尼木县想要让普松雕刻这朵花，长长久久地绽放下去，就像给走过漫长历史的酥油灯，再添上新的酥油一样，让它有更加强盛的生命和光亮。

尼木县正走在雕刻产业这条路上，要想让普松雕刻传播得更为广泛，就要让它走进新的时代，适应新的生存模式。以往普松雕刻多用于经书和经幡的印制，主要是先在纸上抄写或打印好经文，再将经文正面朝下地粘贴在木板上，最后进行雕刻。经书、经幡等主要是供给寺院或者西藏普通百姓，这样一来，普松雕刻的形式和销路就受到了限制。现在，尼木县办起了培训班，直接从技艺上进行推广；成立了合作社，对从事雕刻与经幡印制的农牧民进行重点扶持，精准对接，直接提升农牧民们的个人收入；雕刻内容也进行了发展，从经文、佛像到一些图案雕刻，尤其是针对游客，作为纪念品，扩大了普松雕刻的商品内涵。

第四章 曲水：梦里水乡

曲水这个地方，可以满足很多人对世外桃源的畅想，惬意人生，诗意栖居。

河流、鲜花、药香、鸟类天堂……成为曲水的标志和符号，秀色才纳的玫瑰压弯了枝头，俊巴渔村传来了全鱼宴的香气和牛皮船舞的欢歌，雄色寺善良的绛衣女尼们给并不怕生的鸟儿喂食。

这是一座有温度和人间烟火的小城。

● **才纳：花开正好，药香满城** ●

出了拉萨城区，朝曲水方向，沿着拉贡高速行驶约30公里，就可以到达曲水县才纳乡。4月到6月的时候，放眼望去，投入视野的，将会是一大片郁金香花田。绿色的长竿和叶子，顶着一朵朵含苞待放的花骨朵。在绿色的映衬下，满眼都是红的、粉的、紫的、黄的颜色，像泼洒了颜料似的。这里就是曲水净土健康产业园的百亩郁金香。

1. 才纳乡：公主带来的花海和药城

2013年，"秀色才纳"净土健康产业园开始筹建，3年建成，并被拉萨市旅游局评为国家AAA级景区。2016年，西藏首届郁金香文化节暨"秀色才纳"AAA景区净土健康产业园正式开园迎客。园区分为A、B两大区域，种植面积近133万平方米，分别种植了花卉、有机水果和藏药材等，园区是一个集花卉观赏、农业科技示范、藏中药材种植、有机农产品采摘为一体的休闲旅游体验观光带。观光过程当中的休息、饮食、购物都有相应设备服务，如观光车、休息站、饮食区、纪念品购买处。如今，"秀色才纳"景区已成为拉萨市民周末郊游赏花的首选地。这个投资2亿元打造的"秀色才纳"净土健康产业园，位于曲水县国家现代农业示范区。

其实，千百年前，才纳乡也有同样的风景。

"才纳"原名为"菜纳",是菜园子的意思,也有文成公主送来花海药城的意思。

千年前,一位大唐的公主,带着对故乡的思念,以及对遥远之乡的憧憬,来到了当时的吐蕃。这位公主就是文成公主。她不仅为当时的吐蕃带来了佛教之花和先进文明,更是将中原的粮食、药材、花种等也带到了雪域。然而,娇嫩的幼芽在与中原不同的高寒气候中,终究无法长大。但令人欣慰的是,在若干次失败的尝试后,有一个地方成为孕育这些种子的沃土。这就是曲水才纳。于是,这些从中原而来的生命战胜了恶劣的气候,逐渐成长壮大。文成公主的到来,终为这片高原带来了一片花海和药城。

于是,在蜿蜒的山峦之间,在流水的环绕之中,便有了万种风情的花香四溢。千年前的种子,在才纳乡一年又一年地更新成长,满目缤纷,让我们更加不能忘怀那位大唐公主为汉藏民族所做的贡献。

既然是"菜园子",就少不了劳动工具。

"才纳村村史馆",是一个只有70平方米左右的地方,不过,麻雀虽小五脏俱全。老旧的藏犁、酥油茶桶、马鞍、蒙尘的织布机、青稞酒壶……这些老物件,是才纳乡才纳村的历史,也是村民的记忆。这些东西,也要像文成公主的故事一样,传给年轻人,同他们说说过去的故事,讲讲曾经的历史。

2.秀色才纳,花开时节

到了6月,曲水县才纳国家现代农业示范区内,正是玫瑰盛开的旺季。

园内路边的玫瑰,簇拥在一起,压弯了枝头。往深处走去,那里种植的品种是世界闻名的大马士革玫瑰。大马士革玫瑰是世界公认的优良玫瑰品种,大马士革玫瑰精油素有"液体黄金"之称,是玫瑰精油中的极品。大马士革玫瑰的颜色主要是浅粉、粉色和白色等,其中浅粉的品质最优。保加利亚因为盛产大马士革玫瑰为人称道,这个国家的玫瑰产业已经有三百年的历史了,被称为"玫瑰王国",仅玫瑰一项涉及的产品就包括玫瑰精油、玫瑰洗护用品(包括香皂、护肤品、香水等),同时,作为被玫瑰环绕的国度,保加利亚还会定期举办"玫瑰节",开发玫瑰种植园、玫瑰博物馆等,积极发展玫瑰主题的旅游观光经济,各种外汇创收十分可观。

如今,在雪域之上,也有了一处玫瑰的天堂。2013年,曲水县从云南引进大马士革玫瑰，并试种了10000平方米，试种之后，玫瑰的成活率很高，而且花朵的活性成分也很高。这一点让曲水县看到了玫瑰种植业的希望。于是，在2014年的时候，曲水县开始大面积推广大马士革玫瑰种植。

玫瑰园里的玫瑰种类十分丰富，除了大马士革玫瑰，还有法国千叶玫瑰。提到法国，就容易让我们联系到很多东西——时尚业、高跟鞋、杯子蛋糕、埃菲尔铁塔，还有一样就是法国香水。而法国香水之所以珍贵，就是因为它使用了千叶玫瑰提炼的玫瑰精油。同时，千叶玫瑰的食用效果俱佳。现在，曲水县也拥有了这样的玫瑰种植基地，也就可以发展和完善自己的玫瑰产业，如玫瑰精油、玫瑰花露水、食用鲜花饼。

园区内除了玫瑰种植区，还有其他植被种植区，如雪桃种植区、花卉藏药材种植区、葡萄种植区等6个产业示范区，还有新品种驯化试验试种连栋温室、拉萨净土健康产业曲水展厅、玫瑰和葡萄加工厂、实用人才培训楼等9个产业带动项目。很多产品也有了自己的名字。《卓玛的故事》，这是玫瑰系列化妆品、鲜花饼。《夏尔巴人的秘密》，这是葡萄酒、藏边大黄酒、雪菊酒、太空玛咖等产品。

有商品，有卖家，有买家，就有市场，这就能带来工作，也能给当地老百姓搞创收。截至2019年5月，园区每年吸纳农牧民临时工1000多人，每人年均收入5000元；后勤人员就业20人，每人年均收入3万元；产业工人就业47人，每人年均收入5.4万元。入驻企业吸纳2000多名农牧民就业，年人均收入6000多元。

才纳的花香和药香，飘逸了千百年。近年来，曲水县秀色才纳净土健康产业园紧扣当地产业特色，建有西藏农耕藏药材博物馆、农牧科技服务超市等，是集花卉观赏、农业科技示范、藏中药材种植、有机农产品采摘为一体的休闲旅游体验观光带，极大地拓宽了农牧民群众的增收渠道。

卓嘎老人，快60岁了，不算特别年老，却也不再年轻。逐渐疲惫的身体，已经支撑不住她做太累的活计。可她也没办法让自己闲散下来。于是，为了补贴家用，她去了秀色才纳净土健康产业园帮工。她的工作不会很累，就是每天采摘玫瑰花瓣，一天能够采下来30斤的话，差不多有100多块钱工资，一个月就有3000多的收入。对她来说，这个活儿已经很轻松了。

老百姓的生活好了，才纳乡才会更好。

才纳的风里、山里、水里，都飘着花的味道，都有药的甜香，那么多人来到这里，熙熙攘攘，听的是曾经旧事，看的是满目欢愉。

● 俊巴渔村：阳光强烈，水波温柔 ●

"西藏村庄

神秘的村庄

忧伤的村庄

你躺倒在路上

你不姓李也不姓王

你嫁给的男人

脾气怎么样

神秘的村庄

忧伤的村庄

你生了几个儿子

有哪些闺女已嫁到远方

神秘的村庄

忧伤的村庄

当经幡吹响

你多像无人居住的村庄

当经幡五颜六色如我受伤的头发迎风飘扬

你多像无人居住的村庄

当藏族老乡亲在屋顶下酣睡

你多像无人居住的村庄

像周围的土墙画满慈祥的佛像

你多像无人居住的村庄"

这首诗是海子的《云朵》。一个诗人，向往着一个充满诗意的地方，他来了，然后走了，最后留下诗歌。我们无从得知，海子在前往西藏之前的憧憬和想象，也无法得知他离开西藏之后的思考和静默。无论如何，西藏就是这样一个地方，它既是天上的宫阙，又有人间的屋梁。

很多人带着幻想走进拉萨。拉萨很美好，但它也是一个充斥着柴米油盐酱醋茶的地方，那里也有家长里短，那里也有酣睡的老汉，那里宁静优美，又带着历史的风尘仆仆。那里的河水流过人家，那里的倦鸟牛马也会归巢，那里也有自己的炊烟袅袅。

1. 俊巴渔村：暖暖的小时光

曲水的俊巴渔村，就是这样一个地方，它是拉萨若干村庄的一个小小缩影。它美好，却也有恰到好处的人间烟火。俊巴渔村，位于曲水县曲水镇茶巴朗村境内，拉萨河与雅鲁藏布江在这里相会。于是，村庄的人便世世代代与河水结下了情缘。

俊巴渔村的田地山川，就是一幅油画的模样——蓝色的天空，描摹着白云的形状，环山如同臂膀一样，拥抱着山上的田地。山势层峦叠嶂，有河流在其中穿行。旁边的田地是黄绿相交的色彩，单纯而美好的颜色，山上的风马旗竟然成了最艳丽的色彩，红蓝黄绿，五彩缤纷。

进了俊巴渔村，那里有很多甜茶馆。

拉萨有一句谚语："可三日无饭，不可一天无茶。"

中国是茶的祖国，茶是国粹，也是国饮。唐代陆羽的《茶经》、清代陆廷灿的《续茶经》都是为茶著书的佳作。《茶经》中有一段描述茶意和茶史的文字：

"翼而飞，毛而走，呿而言，此三者俱生于天地间，饮啄以活，饮之时义远矣哉。至若救渴，饮之以浆；蠲忧忿，饮之以酒；荡昏寐，饮之以茶。茶之为饮，发乎神农氏，闻于鲁周公。齐有晏婴，汉有扬雄、司马相如，吴有韦曜，晋有刘琨、张载、远祖纳、谢安、左思之徒，皆饮焉。滂时浸俗，胜于国朝，两都并荆、渝间，以为比屋之饮。"（《茶经·六之饮》）

这段话的意思是鸟类飞翔、野兽奔走、人类说话，这三者都生于天地之间，为了存活需要喝水吃饭，可见"饮"的意义有多么重大深远。要解渴，就喝水；要消除愤懑忧愁，就喝酒；要荡平昏聩，就喝茶。喝茶的历史，从

184

神农氏开始，到了周公时则有文字记载。春秋时的齐国名臣晏婴，汉代文豪扬雄、司马相如，三国时期吴国的韦曜，晋朝的刘琨、张载、远祖纳、谢安、左思这些人，都喜爱喝茶。茶文化经过长期传播，影响巨大，融入生活，形成习俗。时至唐朝，则达到了鼎盛，无论是长安、洛阳两都，还是远在荆州、渝州等地，都是家家户户必备的饮料。

有一种说法是，茶叶是当年的文成公主带入吐蕃，藏族人民的饮食习惯是以肉为主，茶饮的清和刚好可以帮助消化解腻。茶叶于是受到了藏族贵族到老百姓的喜爱。

据说，甜茶及其制作技艺是从尼泊尔经由亚东、日喀则等地最终传入拉萨，时间并不长，不过百年时光。尼泊尔甜茶因为添加的各种香料太多，复杂的口味并不符合当地人的喜好，所以，日喀则和拉萨两个地方的人，就将甜茶的制作方式进行了更符合本地人口味的改良，让甜茶的口味更加清淡。

俊巴渔村的甜茶十分简单，红茶、奶粉，根据个人口味添加白糖调味。不同的茶馆，不同的人家，有不同的配比，口味自然也就有区别。这儿的人，谈生意，喝甜茶；聊家常，喝甜茶；做工的时候，还是喝甜茶……红茶和奶粉易于保存，想喝的时候就做上一些，倒进保温壶里，说话做事时，随手就倒上一碗。一碗甜茶下肚，身上都温暖了起来。

村子里的人，闲来无事，似乎一大半时间都待在茶馆里面或者外面，熟悉的或者不熟悉的人，三三两两聚在一起。女人们聊聊对方家的姑娘儿子，或者谈谈最近发生的新鲜事。男人们则聚在一起玩起了骰子。农闲或者节假日，玩骰子就成了村子里一个有意思的娱乐项目。这种藏族骰子活动和其他地区的不同，一块软垫，一个木碗，一对骰子，八九十颗小贝壳，颜色形状各异的三种签子，每种九个子儿。软垫可以是皮子的，也可以是席地而坐的毯子。小木棍可以做筹码，糌粑也可以做骰子……为了方便，随手就近拿到的东西都可以拿来做骰垫、骰盘、骰碗、骰子、筹码和子儿的替代。一局四人，两两对峙。骰垫上放着骰盘，骰盘上放着骰碗，骰碗里转着骰子。每个人九个筹码，顺时针方向掷骰子，可以以多吃少、等数互吃，相互厮杀。男人们抽着烟，就一口啤酒，在这个闲暇的日子里，爆发着一阵游戏对峙的紧张快乐。

2. 雪域上的世外桃源

俊巴渔村的"俊巴"，原本藏语发音是"增巴"，可以翻译为"捕手"

185

或"捕鱼者"。俊巴渔村,是西藏仅有的一个渔村,孕育了古老而独特的藏民族渔文化。

有水的地方,就会有人;有人的地方,就会有故事。

传说,在远古的时候,俊巴渔村因为地理位置优渥,刚好在拉萨河和雅鲁藏布江的交接处,有了这两条河水的滋养,水中的鱼儿就长得飞快。鱼苗长成小鱼,小鱼变成大鱼,河水里的鱼越来越多,多到河里已经容不下它们,这些鱼只能长出翅膀,飞上天空,再找居住的地方。飞向天空的鱼也越来越多,遮天蔽日,导致大地之上的生灵失去了阳光而衰颓。佛祖释迦牟尼见此情景,便让俊巴村的一个捕鱼人巴莱增巴去捕捉这些鱼,并允许他们吃掉这些鱼。巴莱增巴带领了一群人与这些长翅膀的鱼作战,并取得了胜利。从此以后,俊巴村的人就开始了捕鱼、吃鱼的生活。

这是一个有意思的传说,让俊巴渔村人如今的生活习俗带上了一些远古神话的趣味性。人们吃鱼的时候,便聊起那些久远的故事,于谈谈笑笑之间,度过他们繁忙而快活的一天。

俊巴渔村,是一个捕鱼人的世外桃源,就像陶渊明《桃花源记》中描绘的世界,巧合的是,桃花源也正好是一位捕鱼人发现的:

"晋太元中,武陵人捕鱼为业。缘溪行,忘路之远近。忽逢桃花林,夹岸数百步,中无杂树,芳草鲜美,落英缤纷,渔人甚异之。复前行,欲穷其林。林尽水源,便得一山,山有小口,仿佛若有光。便舍船,从口入。初极狭,才通人。复行数十步,豁然开朗。土地平旷,屋舍俨然,有良田美池桑竹之属。阡陌交通,鸡犬相闻。其中往来种作,男女衣着,悉如外人。黄发垂髫,并怡然自乐。"

溪流潺潺,花木茵茵,芳草萋萋,良田美池,鸡犬相闻,黄发垂髫……这就是俊巴村的模样。这儿有拉萨河,也有雅鲁藏布江,一河一江的滋养,让俊巴渔村有了一些水灵灵的风貌。到春季的时候,俊巴村高速公路两旁就是成片成片的油菜花,黄绿相间的一片,悠悠然然。这就是一个藏在雪域里的世外桃源。农闲的时候,女人们聚在一起聊天,顺带照看着年幼的孩子,小姑娘们则玩儿在一起。男人们喝甜茶、掷骰子,说些农活上的事情。

这个村子里，有甜茶的氤氲，也有鱼宴的香气。

在西藏和平解放以前，封建农奴制度加上藏传佛教信仰，有水葬习俗，等等，西藏人民并没有吃鱼的习惯。但是，俊巴渔村却是个特例。依山临水、交通闭塞、耕地少，这就决定了他们生活方式的最好选择就是捕鱼，千百年来都是如此。俊巴渔村世世代代的捕鱼文化，让这里吃鱼吃出了各种花样。

据说，俊巴渔村总共有十九种吃鱼的方法，如今流传下来的还有七种。这里的全鱼宴，有好些经典菜肴都是当地人多年流传下来的，有红烧鱼、鱼肉丸子、鱼干、鱼肉包子、炒鱼酱和辣椒生鱼酱，等等。有很多游客慕名而来，尤其是赶上五一黄金周的时候，渔民们都要提前好几天捕鱼准备。鱼肉新鲜、味美又十分实惠，人均几十，就可以吃得很好了。吃饭的时候，再配上一些青稞酒。酒的醇香和鱼肉的鲜美，在味蕾上演奏了一曲动听的交响曲。

3.牛皮船的欢歌

除了捕鱼，俊巴村的人还以牛、羊皮制品而闻名，牛皮船就是最有名的一样。小小的牛皮船，兼具了捕鱼、运输、娱乐的功效。以前，村里的人要捕鱼，需要牛皮船；要和山外的世界交流，需要牛皮船；而牛皮船舞更是具有民族特色的娱乐项目。

牛皮船的制作不会太复杂。找来有弹性且坚硬的木材做骨架，再把牦牛皮泡在水里去毛去肉，四张牛皮缝制在一起，将船体骨架包裹住，之后便是捆绑、晒干、擦油定型、牛羊油密封。最后配上船桨，就可以下水了。牛皮船很轻，方便携带。遇水做船，上岸可背。人背着船，就可以到处走。在水上的时候，还可以轻松调节划水方向。

牛皮船舞又叫"郭孜"，是一种船夫的娱乐歌舞。"郭"藏语意为牛皮船，"孜"意为舞蹈。牛皮船舞的历史可以追溯到三百年前，也就是五世达赖喇嘛阿旺洛桑嘉措时期。据说，有一日，阿旺洛桑嘉措要去拉萨，正好路过俊巴渔村。村民们就用牛皮船送他渡河，之后村民们为了表达自己的欢欣，在渡他过河后，就把牛皮船背在背上，跳起舞来。这就是牛皮船舞的由来。

直至今天，在表演牛皮船舞的时候，基本上也延续了这样的动作。两个人手执彩棍领舞，两个或更多的人背着牛皮船跳舞。领舞的人唱起来，背船的人用船角挑着哈达，再用木杆轻轻地撞击船身。有歌，有舞，有牛皮船，有哈达，大家随着歌声有节奏地摇摆，敲击在牛皮船上的"崩崩"的声音，

也响彻开来。一曲舞蹈下来，似乎看到了百年前的时光。而这份文化遗产也被后来人继承了下来。2007年，牛皮船舞被列入西藏自治区第二批非物质文化遗产名录，2008年，它被列为国家级第二批非物质文化遗产名录。

近年来，拉萨市大力开展乡村示范点旅游基础设施建设，俊巴渔村就是旅游示范点之一。"曲水县俊巴渔村特色文化园项目"还成为"西藏自治区2018年招商引资项目——特色旅游文化产业"中的一项。

舒适宁静的田园风光，悠久古老的人文历史，引人瞩目的美味佳肴，现代便捷的交通生活……这个曾经闭塞难出的地方，如今也焕发出了新的光彩。

● 雄色寺：此时众生 ●

在拉萨的土地上，只要有人，就有可能看到寺庙。拉萨人将自己虔诚美好的心意，转变成一座座矗立在大地之上的建筑，吸引着拉萨的风，沐浴着拉萨的月光，煨桑炉的烟火在这里氤氲，酥油灯的星火在这里点燃。拉萨的寺庙总有一种神奇的力量，无论是否为信徒，来过这里的人，都逐渐内心安宁。

1. 雄色寺：半山腰的清净地

从拉萨出发，往西南方向的曲水县行去，目的地是才纳乡尼布热堆村，不用太久的路程，大概一个小时，我们就能看见一座寺院建筑群，就在拉萨河南岸的雄色山半山腰上，四四方方，红白相间，典型的藏族风格的寺庙模样。

这里就是雄色寺。

雄色寺，意思是"古松林中"，据说是因为这里千年之前是一片茂密的松林。如今的雄色寺，附近是一片白色的民居，来往这里的人很少，安静地仿佛能听到自己脚踩草地砂石的声音。这个地方，好像只有风，只有云，只有无边无尽的宁静和闲适。有时候会遇上赶驴子的人，驴子驮着砖石，赶驴人吆喝一下，于是，在寂静之中就多了几分人间烟火气和生命感，赶驴人的吆喝，驴子脖子上挂着的铃铛，叮叮当当，叮叮当当，而后渐行渐远。南北朝的王籍写过一首《入若耶溪》，其中有一句"蝉噪林逾静，鸟鸣山更幽"，意思是夏蝉的吱呀声，让深林显得愈发宁静。鸟儿的鸣叫声，让山涧显得更加清幽。雄色寺，大概就是这样的风光。

雄色寺，凝视着拉萨的天空，已经有近九百年的时间了，也不知道它望尽了多少沧海桑田，历经了多少风霜雷雨。

18世纪的时候，雄色寺被战乱侵蚀，僧人被杀，佛像、经书被掠。雄色寺终成了一座空寺，或许，那时经过寺庙的春夏秋冬，也是静默而悲伤的。后来，吉尊仁波齐重建了寺庙，给予它新生。雄色寺也从一座喇嘛寺变成了西藏最大的尼姑寺。

仁增·曲尼桑姆，被称为"吉尊仁波齐"，被人们尊为"玛尼洛钦"（即诵六字真经的大师）。她是西藏历史上的传奇人物。她从小便笃信佛法，也立志要重建被毁的雄色寺。后来，她在拉萨河和雅鲁藏布江一带名声大作，果然，如她自己所言，她重建了雄色寺。据说，她活到了120多岁，不仅寺里有她的画像，她也被信众尊为神一般的人物。

雄色寺走过了百年时光，走到了现在。历史不曾忘了雄色寺，新时代也不曾忘了守护雄色寺的人。

截至2019年4月，雄色寺共有尼姑134名，驻寺干部19名。2012年以来，曾经远走难行的寺院陆续通了水、电、路，同时，在寺管会干部的帮助下，

一些生活用品通过网购就可以购买。西藏自治区妇女联合会通过"巾帼关爱活动"给寺里发放了毛毯、枕头、日用品和藏药。同时,还免费为寺里的尼众做了体检和送药。不仅如此,一栋供年老尼众养老的养老院也即将竣工。

扎西卓玛是寺院卫生所3名医生之一,她瞧着这些年寺庙的变化,心里很高兴。对于更加便捷的交通,她说:"以前通往寺庙的路很难走,上下山都很困难,一年也就下山两三次,下山最多的原因就是看病。现在路修好了,我们差不多一个月左右就会去一趟拉萨,采购药品和其他的东西。尽管现在很方便了,但是这些药对于我们来说还是最需要的。"而对于养老院,她更是倍感欣慰,"以前年老的尼众为了看病方便都会在上了年纪之后回到家中。现在建了养老院,以后住进养老院的我们吃、住、看病都有人照顾了。修行久了,很多人不想再回到家中给家人添麻烦,期待着这个养老院能早点建成。"

雄色寺,这个清净的地方,也普照着温暖的阳光。

2. 鸟儿的聚会

每年的4月到10月,是雄色寺的黄金观光时间。或许,这里已经没有了千百年前的松林,但是,令人赏心悦目的绿意延续到了如今。抬头,蓝天上有苍鹰翱翔。低头,草地灌木间有山鸡野兔。大概动物们也喜欢这里的安然,于是,大量的鸟类如黑喉、白喉、赭红尾鸲、灰腹噪鹛、大草鹛、花彩雀莺、戈氏岩鹀等就聚集在此,对于观鸟爱好者或摄影爱好者来说,这将是一场视觉盛宴。

　　7月的时候，正是藏马鸡和藏雪鸡游走散步的好时节。它们成群结队，"一家子"优哉游哉地走着。这些小东西，远远地瞧见了人，也不惊叫，也不跑跳，只是自顾自地悠闲地走着。一只藏马鸡带着两只幼鸟正在四处觅食，灰褐色的羽毛在沙土之中很有保护色的效果，滚圆的身体，拖长的尾羽，唯一色彩艳丽的，就是成年藏马鸡红色的眼圈。藏马鸡是中国特产鸟类，因为数量稀少，且分布区域狭窄，所以十分珍贵。

　　雄色寺的藏马鸡十分有灵性，每日一早，就来到雄色寺觅食。有时候，寺里的尼姑会投喂它们，有些藏马鸡来得勤了，就自己到处走走停停找东西吃。这些小家伙对游客、摄影人走得近了，还有几分警觉。但是，对于尼姑们，它们似乎就带上了几分熟识的亲近感，甚至有些会在她们的手里啄食。也不知道是不是出入太频繁，藏马鸡们将雄色寺当成了另一个家，在太阳温暖的日子里，它们会展翅飞向寺顶，一只或几只地待着，像是沉思，又像是在对话。或许对这些藏马鸡来说，雄色寺就是天生地养的一处地方，和它们栖息的草地是一样的，带着大自然的天然和灵性，是守卫它们的一个地方，也是它们守卫的一个地方。

　　藏雪鸡，被藏族老百姓称作"神鸟"。它也是滚圆的身子，灰白相间的羽毛，眼尾也有微微一抹红晕。它迈着步子，慢慢地踱着，对于远处观察它的人类，它们十分警醒，却并不畏惧。

　　藏马鸡和藏雪鸡都是中国国家二级保护动物。这些小家伙是雄色寺的大明星，许多观鸟爱好者为了看这两种珍稀动物，不远千里来到这里。

　　藏马鸡和藏雪鸡时常出没在雄色寺附近，因为寺里的尼姑长期投喂它们，再加上附近也并没有天敌或人为杀伤，所以，对它们来说，既有"自助餐"可以吃，也可以恣意玩耍，雄色寺就是一个好地方了。来的人只要注意，不要肆意惊扰了这些小家伙，它们也会展现友好的一面。一群藏马鸡、藏雪鸡，带着伴侣或者幼雏，只管自己"咕咕"地找着食物，吃饱喝足了，就在太阳大好的时候四处走走。看见来拍照的人，也只是迈着小步子悠闲地来往。这些小家伙们，或许是好奇，或许是无意，偶尔瞧了一眼镜头，有人幸运地抓拍下来，也是缘分一场。

　　在雄色寺上，正上演一场人间的生灵之乐。

第五章　左脚，就在林周停下

黑颈鹤又在雪化的日子离开了林周，一年又一年的迁徙，传承着鸟儿们的生命力。望果节来临，又到了老百姓观赛马、看藏戏的时节。林周农场带着往昔的记忆和精神，走进了人们的视线。古老的寺庙，也守候着那天，那地，那山，那水。

● 一剪林周的时光 ●

林周县是一个有山有水的地方，山水相依的地方，必定充满了生机。念青唐古拉山的支脉卡拉山从林周县贯穿而过，热振河、达龙河、乌如龙河、拉萨河流域孕育着林周县的生灵。这里的古柏已历经千年岁月，林周县的阿古顿巴传说又为这里的古老文化添上了一笔。

1. 候鸟的天堂

春天的时候，天若还凉着，还下着雪，雪并不厚重，会使林周县的山峦变成一副被撒了糖霜的模样。再远一点，盖着白雪的山就藏进了飘荡的云气之间，若隐若现。

林周县强嘎乡的虎头山旁有一个水库，被叫作"虎头山水库"，这里是候鸟们的天堂。除了黑颈鹤，斑头雁、赤麻鸭也都可以在这里看到。冬天，本是一个万籁俱静的季节，大地之上的生命在历经了蓬勃的活跃后，在冬天似乎陷入了安眠。然而，总有一些生命在这个时候让肃杀的地方迎来生机。

被称作"高原神鸟"的黑颈鹤，在林周已经停留了一个冬天，它们在这里觅食、飞翔，带着刚几个月大的小幼鹤或走或飞。虎头山水库和林周县南部村庄一样，世代农耕，所以农田相连，而丰收后散落在田间的粮食，则成为鸟儿们的食物。银装素裹的大地逐渐变得温暖，即将迎来播种农忙的时节，这些黑白精灵又要开始新一轮的迁徙。它们将前往一个人少安宁又食物

丰盛的地方,开始它们的新生活,它们将在那里繁衍,度过此后的夏秋两季。黑颈鹤三五成群地做伴,在为迁徙做好准备,伸展翅膀,扬起脖颈,像春天的天空即将出现的风筝,干净的动作,利落的曲线。鹤群嬉戏打闹,似乎对林周还有一丝留恋。但是,在冰雪融化的暖日后,它们终将离去,从林周出发,去往羌塘北部,相伴而行,飞过蔚蓝的天空。

林周的黑颈鹤春去冬来,人类和动物在这片土地上和谐共存,互不惊扰。

1993年,林周县黑颈鹤自然保护区正式建立,2003年成为国家级自然保护区。保护区湿地面积14.312平方千米,黑颈鹤觅食地34.435平方千米,完全能够满足野生动物的栖息觅食需求。保护区主要分布在林周县南部的五乡一镇,区内保护的生命不仅有黑颈鹤,还有斑头雁、赤麻鸭、白唇鹿等野生动物。2018年,林周县黑颈鹤已有2000多只,最大黑颈鹤群落有400~500只黑颈鹤。林周县专门建立了总面积达96平方千米的林周澎波黑颈鹤自然保护区,加强保护适合黑颈鹤栖息的湿地。

《中国国家地理》杂志摄影师陈志文曾来过林周很多次,他喜欢这个地方,这里没有高楼大厦,却有绿水青山。他说:"我一共进藏39次,光是林周县就去了20次,我很喜欢林周,虽然林周还是一个国家级贫困县,但我愿意为林周的扶贫工作做一点事,让林周的美好能够家喻户晓,成为拉萨旅游的胜景。此次媒体团来林周县访问收获十分大,在整个游走过程中看到了林周有很多非常好的资源,林周县把生态环境保护得十分好,林周县对下一步旅游带动扶贫发展有了许多新的思路,把精准扶贫做到了一个新的高度,真正做到了'绿水青山就是金山银山'。我们会把在林周采集到的信息收集回去,通过各自媒体的平台,让广大读者知道冬季林周是鸟儿的天堂、是摄影人拍摄黑颈鹤的最佳地,同时,也是科普乐园,希望通过媒体把林周独特的旅游资源宣传出去,为林周旅游发展做出贡献。"

2. 望果节的人间意趣

七八月份的季节,正是高原丰收的时候。

2019年7月30日,林周县边角林乡当杰村平措林组,人山人海、热闹非凡,一年一度的"望果节"暨赛马比赛就在这里举行。

望果节,是藏族老百姓为了庆祝丰收喜悦的传统节日。"望果"可以翻译为在田地头打转。从字面意思来看,就洋溢着一种丰收的快活。望果节的传统庆祝方式,还是藏族人民喜爱的赛马。奔驰在大地之上的赛马,那些勇敢而专注的赛马选手,轰鸣的观众,以及被震得尘土四起的地面,都带着一种紧张而兴奋的氛围。

这一天,观众们很早就来占一个好位置,路两旁停满了车,山上挤着密密麻麻的人群。比赛的马儿们披上了五颜六色的装饰,在比赛前都停在一处。

下午1点左右,赛马活动正式开始,31位选手牵着自己的赛马在比赛起点依次出发,拍马加速。在奔驰的过程中,只要听到工作人员的哨声,选手们就开始在马背上射靶。但凡有人射中靶子,便是一阵喧天锣鼓,人海齐鸣。

赛道并不十分宽阔,两旁站满了人,距离近到似乎马蹄溅起尘土都能飘到人脸上。这种真实的震撼感,让人能够切身体会到一种紧张。

而在林周县强嘎乡连布村的一块空地上,简单地搭起了一个简易舞台。原来这是从拉萨赶来的自治区藏剧团演员,正在化妆,准备表演。他们表演的是传统八大藏戏之一的《朗萨雯波》。藏戏开始的时候,空地上已经坐满了人，大家欢欣鼓舞，准备欣赏。

有一位老人名叫丹增念扎，他说，他一直想去拉萨看一场《朗萨雯波》，但是如今年纪大了，身体状态也不太好，也就没能成行，谁想到，今天竟然能在家门口看到。

所有的人都仔细地瞧着藏戏，随着演员的表演和情节的推动，观众们时而欢喜，时而唏嘘，直到最后皆大欢喜，大家才有一种尘埃落定的安心感。之后，还有一系列的表演，观众们久久不愿离去。

林周，一个充满了野趣和意趣的地方，那里的山水和花鸟，并没有都市的喧嚣，而是一种朴素简单的快乐。那里的候鸟在春冬里来了又去，那里的马儿跑过一年又一年。时光，却像剪影一样被裁了下来，留在了林周老百姓的心间。

● 林周古寺，别样幽静 ●

林周的寺庙，如同村庄的景物一般，幽静，安然，伴着涓涓细流，袅袅桑烟。

1. 千年古柏中的热振寺

林周县热振河旁的山边，有一座热振寺，西藏的母亲河拉萨河从这里缓缓而过。到了万物生长的季节，这里也破开冬寒，化开了一副郁郁葱葱、流水淙淙的景貌。这样繁茂的生命，才让此处有了成为国家森林公园的底气。

热振寺，是藏传佛教噶当派祖寺，最早的建筑滚巴孔寺和仲敦巴寝殿，是由仲敦巴大师在1056年创建，距今已有900多年历史。14世纪，宗喀巴大师来此传法，于是，改宗为格鲁派。该寺活佛为西藏五大"呼图克图之一"的热振活佛，第五世热振活佛（1912—1944）时期，是寺院发展的鼎盛期。

寺庙就建在林周县唐古乡的普央岗钦山麓上。热振寺被称为"佛的阿兰若"，"阿兰若"有山林、荒野的意思，也指远离人烟、适合修行的僻静之处。热振寺的西侧有一个著名的"帕邦当"，"帕邦"意为巨大的石头，"当"意为草坪或坝子，被世人称为"圣道"。

这里满山都长着柏树，这些柏树守护在此也有千百年了。寺周围有三万株古柏，树龄在千年以上，传说是仲郭巴的灵树。在古柏的环绕之中，一条蜿蜒的盘山小道和山下相连。到了热振寺，抬眼就是满目苍翠，仿佛一年四季的生命力在这里都不曾停歇。传说，在很久很久以前，热振寺所在的山上本来是光秃秃的一片，并没有树木。有一日，松赞干布来到这里，将自己洗过头发的水洒向山间，这里就长出了两万五千棵柏树。一年又一年，这些柏树就守候在此处。

热振寺的主要建筑有措钦大殿、热振拉让（旧西藏大活佛的宅邸）等。措钦大殿包括佛殿和经堂，最下面的是大经堂，周围则有小经堂，里面供奉着佛像、经卷和宗教用品。寺里还供奉着中外高僧的灵骨舍利佛塔108座。不仅如此，寺内还有很多唐卡，在宗教氛围之外，多了几分艺术气息。

热振寺的建筑具有典型的西藏寺庙风格，白墙、红墙、金顶、金鹿、经幡……在蓝天之下，给人强烈的视觉对比。这里的白墙有些风化的痕迹，墙的最底层有白漆往下流的痕迹，那是粉刷外墙的时候留下的。每到藏历新年的时候，人们都沉浸在喜悦之中，热振寺也要换上新装才可以，于是，粉刷墙壁、换上新的帷幔，也意味着新的一年的到来。

每年藏历七月十五，民间传说有十万天女下凡，众多仙女会集会普度众生，这就形成了热振"帕邦当廓节"。一开始，这个节日的宗教性质比较浓厚，发展到现在，已经融入了更多的生活气息。每当节日到来的时候，附近农牧民会开展一些娱乐活动，同时进行一些商品交换。活动包括"赛马"和"抢青"，到了中午12点半，就开始诵经，下午的时候就举行跳神，被称为"热振曲卓"，热振曲卓是一种民间舞蹈，在2007年被西藏自治区人民政府列入自治区级非物质文化遗产名录。

中午诵经的时候，一座石盘坛供奉着祭礼，这就是"措"，梯形的造型，装饰着酥油花，措身是红色，放着糌粑团。祭礼有一只剥了皮的全羊，还有信徒们的其他供品。等诵经完毕，观者便一拥而"抢夺"供品，抢到供品的人也会留着和亲友一起享用，分享吉祥幸福。

下午的"羌姆"是重头戏。表演跳神的都是年轻的喇嘛们，鼓声响起，法号响起，戴着面具，跳起舞蹈，表演着一个鬼神世界，传达着的却是美好心愿。最终，舞蹈停歇，声音落下，热振寺的"帕邦当廓节"降下帷幕，第二天，热振寺又将回归寂静。

2.达隆寺的欢歌

达隆寺，详名是多吉丹拜达隆寺，寺庙的修建者是达隆唐巴·扎西贝。

达隆唐巴·扎西贝在很小的时候就对佛教感兴趣，立志长大后要成为一位僧人。可他的家人却十分反对，想让他成家。不过，他在18岁的时候，就受了戒，并取了法名"扎西贝"，开始系统地学习佛教知识。在24岁的时候，他师从大名鼎鼎的帕莫竹巴大师，学到了更加精深的佛法。在帕莫竹巴大师去世后，他开始到处游走并四处讲经，他精通佛法的名声传播开来，有很多富人会找到他，让他帮忙举行佛事。有了财源，他就修建了这座达隆寺。

传说，当年的达隆唐巴·扎西贝是根据帕莫竹巴大师的预示，找到了一处特殊地形，那里有一座山，形似箱子，山下还有一处王座般的位置，帕莫竹巴大师还曾经预言山下面会有一只老虎。当达隆唐巴·扎西贝在现在达隆寺所在处看到这些时，他就决定在这里修建达隆寺。所以，达隆寺的意思就是老虎出没的沟谷。

这座寺庙的修建时间是1180年，开始只有一座红殿。第二代法嗣（继承祖师衣钵而主持一方丛林的僧人）唐巴鼓叶巴修建了玛齐巴集会大殿，殿里有80根大柱子，内藏金刚持、释迦牟尼、仲顿巴大师等众多文物珍品和经典古籍。第三代法嗣则扩建了寺庙院落。不过，后来寺庙遭到了毁坏，在大规模地修复后，现在只保存了部分建筑，如集会殿、拉章、达康萨，而供奉的佛像也基本都是新塑的。

3.杰拉康寺（杰堆寺），硝烟中的悔意

林周县境内的春堆乡拉康村旁，有一座封闭式庭院，那就是杰拉康寺（杰堆寺）。寺庙的东侧有一块石碑，碑文的内容是"劝导世人崇信佛法，习经中观，集利益广众之计，取分内之造化"。在这块石碑后，还有一个带着硝烟和悔意的故事。

1239年，蒙古部将多达那波率领一支军队前往当时的吐蕃。《贤者喜宴》一书中对此描述如下：

"成吉思汗（应为窝阔台）五十九岁的铁鼠年（庚子，1240）从凉州阔端那里派出的以多达那波为将军的蒙古军队首次到达吐蕃……蒙古军在朵思麻、朵甘思、索曲、热振寺等地方见人便杀，给热振寺造成了重大损失。达

隆寺被雾罩住，没有看见，杰拉康寺被焚毁，索敦等五百佛教僧人被杀。止贡寺的京俄扎巴迥乃降下石雨，故止贡寺未遭损害。但是蒙古人要京俄扎巴迥乃去当受供喇嘛，京俄扎巴迥乃说：'有一个适合当你的受供喇嘛的人，住在西面。'鼓动蒙古人去迎请萨迦班智达。一面又鼓动萨迦班智达说：'为了整个吐蕃的利益，你应该前去。'这样，在木龙年（1244）将萨迦班智达、其十岁的侄子八思巴和六岁的侄子恰那多吉等三人迎请到止贡寺，献上礼品，资送他们前往。"①

当时，多达那波率军途经杰拉康寺，遭到了寺内僧人的抵抗，杰拉康寺被毁，僧人被杀。这场武装冲突带给吐蕃僧人的冲击十分重大，西藏地区各教派的领袖人物开始协议如何应对当时强大的蒙古势力，这也改变了吐蕃当时的政治形势。萨迦班智达的侄子八思巴后来成为元朝的第一任国师。

杰拉康寺的石碑纪念的就是这样一件历史事件。修建石碑，刻下碑文，是为了忏悔当时毁寺杀僧的罪孽。

---

① 巴俄祖拉陈瓦：《贤者喜宴》，北京：民族出版社，1986年版，第1416—1417页。

杰拉康寺还有一个造像碑。正面造像，1米多高，中央主尊为强巴佛，柱状高宝髻，顶端饰有花蕾，髻中央雕有一塔；耳环为饼状；上身赤裸，装饰有璎珞、臂钏、手镯，腰带下是螺纹短裙，身上环绕飘带；右手在胸前，左手擎着梗莲，莲上有壶（为后补）。佛站立于覆莲台上。这尊造像碑的时间不可考证，推测在11世纪前后或者更早。

林周的一座座古寺，风里，有人讲着它们的故事；水里，流淌着它们的历史。

●林周农场的红色故事●

林周的土地，有一处白杨和桃花环绕的地方，那里曾经上演了一个个开荒进取的故事。林周农场，林周县农业发展的一个缩影。

1.那年的红色记忆

从小生活在林周县的赤斯老人，每每回忆当年的这片土地就有所感慨，西藏和平解放前，林周农场所在的地方并不是肥沃之地，而且十分荒芜，到处都是杂草。让这里的土地变得欣欣向荣的，是进藏干部、知青和当地百姓的共同努力。他们开始修建农场，教给当地人如何修筑房屋，如何科学种植。从那个时候开始，林周县也有了不一样的模样。

当年，林周农场开始动工的时候，赤斯老人30多岁，正是个青壮年，如今已然垂垂老矣。每每想起自己曾经的旧时光，似乎又回到了那个久远而朴素的年代。当地的藏族老百姓，进藏的干部和知青，大家一起努力开垦、耕种，不分你我，聊生活，学知识。他想到这儿，总是会变得眼眶湿润，他讲道，"记得当时的进藏干部和知青们非常辛苦，因为没有建筑工具，他们只能靠抱、扛、背的方式用一块块石头盖起了林周农场。他们在农场里和当地百姓一起种地、一起干活，教会了我们分开种植青稞、小麦、豌豆等农作物的方法。我们跟着当时的进藏干部和知青学到了先进的农业知识，学会了先进的耕作方法，粮食产量一年比一年高。后来，这座农场被闲置了一段时间。如今，在党和政府的关心和帮助下，农场又以另外一种形式重新展现在大家面前，这让我倍感欣慰，每当走进农场时，我都会想起许多美好的青春回忆。"

回忆里，总有美好的愿景和朴素的情感，还有很多个赤斯老人，怀念着那些曾经遇到的可爱的人，而那个时候学到的东西，也足以让他们受益一生。

时光慢慢远去，春夏秋冬，四季轮回，林周的山水天地似乎一如既往的美好，不曾更改。但是，林周农场，那个记载了时代故事的地方，却在岁月的漫步中逐渐冷却、安静、衰颓。它在一片开天辟地、热火朝天的氛围中开始旅程，在完成历史任务后，依旧静默地驻守在林周。这个"老西藏精神"的产物和代表，曾经汇聚了来自祖国四面八方的年轻人，修建农田灌溉、水利工程，当时的人们留给后人很多造福的礼物。

林周农场，带着岁月的痕迹，留在了林周。林周的人，也没有忘记它。

2009年，林周农场被公布为市级文物保护单位。

2013年，林周农场被公布为自治区级文物保护单位。

2017年以来，林周县投入1500多万元，在林周县农场旧址建设林周县党员党性教育基地，在保持原貌的基础上，对礼堂、窑洞进行维修加固，新建了文化广场等配套设施。

2019年3月28日，在西藏自治区拉萨市林周农场举行了林周县党员党性教育基地、林周县干部教育培训现场教学基地、林周县爱国主义教育基地、林周县民族团结进步示范教育基地的揭牌仪式，这标志着林周农场成为拉萨市首个红色旅游景区。

2. 林周农场的蝶变

1966年，林周农场建成，当年，许多进藏干部、知识青年们带领当地的老百姓，在这片土地上开展了轰轰烈烈的生产建设运动。半个世纪过去了，就在2016年，林周县启动了林周农场场部旧址保护工程，到了2019年3月底，项目基本完工并投入使用。

如今的林周农场，有文创销售区、文化广场、餐厅、道路、停车场、公厕等，人们可以到这处文物旧址，来一场说走就走的红色旅行。这里最显眼的当属农场礼堂，有棱有角的造型，白色的墙壁映衬在草绿色的山丘前，红色的"林周农场礼堂"六个大字一目了然。走进礼堂，似乎迈步到了那个远去的时代，礼堂里放着一排排椅子，想象着若干年前，有那么一群人，在这里观看着军宣队的表演。椅子前就是舞台，台上放着红旗，舞台的正中央是毛主席的画像。礼堂两边的墙壁，展示着一些今昔对比的图片，黑白和彩色的对比，犹如诉说着这里翻天覆地的变化。

林周农场还有一处独特的地方可以参观，那就是窑洞。翻新后的窑洞，让人想到了那个革命岁月的朝气。这个革命圣地延安的"特产"，被"移植"到了雪域高原上，依旧发挥着它的作用。那个时候劳作，并没有很多先进的工具，靠的就是所有人的双手和配合，手上拿着农具，脚下迈着步子，是当年那些人靠着坚韧不拔的"老西藏精神"，才让林周有了更美好的模样。

林周农场如今再次维修开放，一是为了让大家都能记住那些曾经奉献了青春和岁月的人们，记住那种吃苦耐劳的精神；二也是为了带动当地的第三产业，产生经济效益。林周农场场部旧址保护性工程暨党员党性爱国主义教育基地的建成，已经为当地20多位农牧民提供了就业机会，这些岗位包括保洁、保安、讲解、导游等。未来还会带动诸如生态农业观光、农家乐等领域，为更多当地老百姓创收。

2018年大学毕业的曲宗就是受益人之一，他之前在拉萨市的一家餐厅工作，赚的仅仅是工资。当他到林周农场工作以后，他不仅有工资，还有出差补助，以及保险。

林周农场，在岁月中沉浸化茧，终迎来了它的蝶变。这只蝴蝶，在林周的春天，飞上白杨树的枝头，飞向盛开的桃花。

第六章 当雄——令世人向往的地方

如果说大地真的能发光，那个地方或许就是当雄。当雄草原传来的马蹄声，宣告着一年盛大的"当吉仁"赛马节的到来。当雄八塔，依旧是守卫战士一般的模样，看着蓝天，看着来人。这里有纳木错，这里有念青唐古拉山，当雄的风，都飘扬着绚丽的色彩。

这里是当雄，惊艳了无数流年。

●当雄草原有歌来（上）●

拉萨的天，是一片巨大的幕布，上面的云层仿佛冰山上的雪扦出来的。大片的云匍匐在连绵的山丘上，云是白色的，山是土黄的。乘去往拉萨的列车，如果在当雄站下车的话，就会发现我们站在了一处一览众山小的地方。整个当雄县都被纳入了视野中，再往远处看去，就是念青唐古拉山了。

1. 当雄草原，一曲牧歌

当雄，羌塘草原上最丰美的牧场就在此处，它的名字本身就是"选出来的好地方"的意思，可见此处的丰饶美好。到了好时节，当雄草原的美便在天地的滋养下，生发了出来。念青唐古拉山，远远看去，有了一些银装素裹的宽阔。但是，在那一片冰雪世界之下，却是满眼生机勃勃的草地，正是牧草丰美的时候，成群的牛羊行到此处，停留在这里，或漫行几步，或低头食草。再往天上望去，那里成团的云朵如浮雕一般刻在蓝天之上，天空和大地的交界线，在极目望去的远方。羊群来了又走，牛群走了又来。风一吹，既有种苍茫寰宇的孤寂，又有种欣欣向荣的生气。

偌大的草原，辽远，又寂静。

看着这样的场景，眼前便浮现了一幅诗意的画面："敕勒川，阴山下，天似穹庐，笼盖四野。天苍苍，野茫茫，风吹草低见牛羊。"

当雄的草原上有成群的牛羊马,这是拉萨唯一一个纯牧业县。不过,良好的生态环境,也让当雄草原成为珍稀动植物和宝贵药用植物的天堂。

高原积雪融化之时,也是虫草生长的时候。当雄县的虫草文化旅游节,又来了。人们在山上寻觅着虫草,体验亲自挖掘虫草的乐趣,同时,沐浴在雪山的阳光中,远眺着湖水的广阔,还有温泉的袅袅热气,以及草原人民的歌舞剧。在虫草文化旅游节里,当雄最美好的地方,一览无余。

2.当雄八塔,守望的距离

在当雄县乌玛塘乡境内,有八座白色的塔静默地矗立在大地之上,这八座白塔是西藏北部草原的守护者,被人称为当雄八塔。八座塔并排成一列,俨然守护疆土的战士。

关于这八座塔的来历,流传比较广的有两种说法:

一种是当年格萨尔为了统一草原,南征北战。但是,战场之上,刀剑无眼,有八位将军就战死在此。也有说战死的并不是八个人,而是格萨尔麾下大将夏巴丹玛香察。

还有一种说法并不是格萨尔时期,而是蒙古军队在这里征战时战死了八个将士。

无论如何，这都是充满了硝烟的祭奠。为了纪念战死的将士，八座白色的塔像一座座雪山一样，成为这些英灵的归宿，守护着这一望无际的草原。

蓝天，绿草，白塔……一幅简单的图像就出现在了历史的画笔下，既富有诗情画意，又带着肃穆悲壮。那些金戈铁马的故事，那些战死沙场的人，在史书上或有只字片语的痕迹，他们被历史书写，终究也成为历史。

当雄八塔，是为了纪念英雄。或许，不只是为了一个或者八个英雄，而是千千万万个曾驰骋草原、厉兵秣马的男儿。这些人大多数都没有留下姓名。

索朗多布杰老人总爱到当雄八塔前走走，他是纳龙村三组村民。他喜欢和别人讲述过去的故事——他曾见过的解放军十八军。索朗多布杰老人说，当年十八军来西藏的时候，正好是大雪封山的时节。解放军穿着泛黄的军装，军装已经十分破旧了，有些地方还露着棉絮，他们都冻得脸色青白，大雪没过了他们的膝盖。当时，当雄地区发生了8.0级地震，死了人，旧政府根本不管老百姓的死活，但是，党中央和毛主席却始终关心这里，毛主席当机立断指示，能跑出多少人是多少人！他想了想当年的穷困潦倒，又看了看现在当雄八塔两边的青藏公路和青藏铁路，思及现在家中的房子、牦牛和绵羊，心里对政府是感激的。那些曾经解放西藏的军人，那些让西藏老百姓越过越好的人，也是无名英雄。

3."当吉仁"赛马节：一场草原狂欢

当雄八塔守护的草原，最吸引人的，或许就是它的赛马节。当雄赛马节，也被称为"当吉仁"赛马节，它是传承了300多年的国家级非物质文化遗产，也是雪顿节期间的一个重要的传统节日。赛马节在每年藏历六月（相当于公历8月）举行，为期5天到15天。

当雄赛马节开始的时候，人们会穿上传统服饰，赛马选手则会在马背上展示自己高超的骑马技巧，一人一马，是配合默契的战友，终点则是他们的最终胜利。赛马节上的比赛和活动十分丰富，有长跑、短跑、飞马射击、锅庄舞比赛、骑马捡哈达比赛、男女拔河、男女举重，甚至还会有赛牦牛、主题晚会、山歌对唱，有意思的是还有人才招聘专场会，等等。有一种很有意思的"小跑赛"，它要求选手和马儿需要姿态优美地赛跑，而不是以速度为目的，并不是狂冲猛跑到第一就真的是第一名。赛马比赛的获胜者除了有奖金，还会获得一种荣誉——他的名字就像吹过草原的风一样，从这处传到他方,每一个人似乎都能绘声绘色地讲述他比赛那天的英姿。

藏族同胞对马儿的感情十分特殊。从现代生活的视角来看,西藏朋友出门可以自己开汽车、骑摩托或者坐火车,劳作有机械,所以,马儿作为交通、劳动工具的性质已经不是很明显了。但是,这个生活在高原的游牧民族,在千百年前就和马儿建立了别样的羁绊,曾经,他们骑着战马打仗,在马背上追逐猎物,在风景美丽的地方信马由缰,追溯着历史渊源,马儿是这个高原民族的朋友。或许,这就是赛马节依旧在藏族人中热度不减的原因。这种在草原上畅快淋漓、纵情奔跑的快乐,早已经铭刻在藏族人民的基因里。

而对于观看比赛的人来说,他们用目光捕捉着第一名的骏马,他们为自己喜爱的选手欢呼呐喊,一次又一次地惊叹选手们的高超技艺。对于很多居住比较偏远的藏族同胞来说,这场赛马节就是一场人际交流盛会,或和许久未见的亲朋,或和擦肩而过的路人,闲谈几句,侃着最近的生活,聊着喜爱的选手,夸耀着刚见着的健壮的马儿。许多人都穿着最隆重的服饰,展现着他们自己无与伦比的亮丽光鲜。草地之上,恍若盛开了无数五彩斑斓的花朵。不仅如此,大地之上也撑起了很多帐篷,大家井然有序地分区摆放着各种商品,有喜欢的就直接在这儿买下了。

要想感受赛马节的狂欢,真的只有亲身感受过才能明白那种现场的振奋人心。马蹄踏落在大地上,低沉的共鸣似乎能引发大地的震动,于是,观看者无论是脚底还是鼓膜,都感受到了那种扬尘而起的令人激动万分的紧张感。赛场上,马儿的每一次超越或者落后,都让观看者的一颗心跌宕起伏,这场赛马,就是一个即刻发生在眼前的冒险故事。

如今,我们已经生活在一个"世界变得更小"的社会里,当雄的赛马节不再只是停留在当地的土地上,通过互联网,通过手机直播,这场狂欢可以被全国各地更多的人看到。于是,那些千里之外的人,就能直接看到当雄,看到当雄的老百姓和马儿,看到这场盛宴中所有人的欢欣鼓舞,看到高原人民的幸福生活。曾经,有一位19岁的牧民旺金顿珠,刚好在赛马节开幕当天收到了来自某湖南高校的录取通知书,这算是两件喜事撞在一起了。他自己也开心地说,"我们藏族人认为,参加赛马、观看赛马都能带来好运,今天真是双喜临门,希望这能为我未来的一年带来好运。"

如今,"当吉仁"赛马节已经被当地政府发展成为发扬民族体育、展示传统民族文化、推动物资展销交流的文化旅游产业品牌。在新时代里，古老而传统的文化活动又焕发了新的生机。难怪当雄地区流行着一句谚语"不做牛马要做人，牧民就是诚实的根；永远跟着太阳走，就有幸福和光明……"

●当雄草原有歌来（下）●

当雄的草原上，有马，有歌，也有人和好风光。

1.羊八井：雪域里的一盆火

说到光明，当雄流传着一个古老的神话传说：

相传在远古时期，人间一片晦暗，一只金凤凰看到这样的场景，十分不忍，于是决定献出自己的一只眼珠。它把自己的眼珠交给了一个名叫拉姆的姑娘。拉姆就在人间用双手将眼珠高高举起，眼珠发出光亮，带来了光明，驱散了黑暗。人们感恩地将这只眼珠称为"神灯"。后来，一个农奴主觊觎神灯的神力，想要将它夺走，却没有成功。他一怒之下用毒箭将拉姆射死，也将神灯破坏了。一瞬间，天崩地裂，大地之上涌出了一个热水湖，农奴主跌落在湖里，淹死了。而神灯摔落地面的碎片，也化作了一个又一个的温泉。

故事中曾经的神灯给天地带来光明，现实里丰富的地热资源也成为羊八井发展的契机。

羊八井盆地距离拉萨90多千米，羊八井镇因当雄的羊八井寺而得名。这个时常蒸腾着热气的地方，因为星罗棋布的温泉、热泉、沸泉、热爆炸穴等而闻名，地热资源极其丰富，是我国最大的温泉集群。

四十多年前的羊八井是"有河没有桥，出门要骑马，住的是帐篷，糌粑吃不饱"。如今的羊八井地处304省道、青藏公路的交通要道，是连通拉萨、日喀则、那曲的节点，既有羊八井镇"T"字形快速观光轴线，也有古仁——藏布徒步观光轴，还有古仁登山探险轴。羊八井的山川，等待着四面八方而来的客人。

1974年，羊八井地热开发被设为重点科技攻关项目；1976年，我国大陆上第一台兆瓦级地热发电机组,在这里成功发电;在新能源产业蓬勃发展的今天,羊八井的地热能源开发也成为一大优势。羊八井,就如同雪域里的一盆火,燃起了当地人的热情。

2.廊琼岗日冰川:白茫茫一片大地

从羊八井出发,一路行去,就能看见一片冰雪世界。谁又能想到呢?这片高原大地之上,竟然隐藏这样的"冰火两重天"。刚见识过羊八井蒸腾的热气,还能看到冰锥倒挂的雪景。这个地方,就是廊琼岗日冰川。

这里的云如同厚重的烟雾,低低地压着,远远看去,让人一时分辨不清,到底云朵是从天际落到了地上,还是从大地升腾向天空。山上有些地方露出地面,有些地方则被冰雪覆盖。平整的路上,依稀可以见到一些之前车辆经过轧出的车辙印。这个被称为"距离圣地拉萨最近的冰川",也是一处集冰川、湖泊、草甸、雪山、峡谷为一体的自然生态旅游区。

这里可以看见结冰的山体,有倒挂的冰凌,像一片小小的颠倒的冰封森林。层层叠叠的冰山,并不是纯然的白色,也透着山体的土色。再向远望去,便是雪和云融为一体的地方。

此处并没有太多的人聚集,除了风声、云声,或许就是几点旅人的窃窃私语。白茫茫一片大地,真干净。

3.阿热湿地上的黑颈鹤

当雄草原是个奇妙的地方,有"火",有"冰",还有"水"。

到了11月份的时候,当雄的阿热湿地就会褪去青色,走向金黄。于是,在草丛之中,就能见着斑头雁、赤麻鸭、黑颈鹤等的身影了。等天气再冷些,黑颈鹤就要飞往更加温暖的拉萨去了。等到了来年春天,草甸返青的时节,它们又会回到当雄,在这里产卵繁衍。一年又一年,鸟类的迁徙,随同四季的轮转,在当雄草原上上演。

黑颈鹤是阿热湿地的一个风景,成为一种融入老百姓生活的存在。在藏族人民的观念里,天地万物都带着一种通晓人性的灵性,黑颈鹤也不例外。当地人觉得黑颈鹤可能听得懂人话,这事不知真假,却十分有趣。人类和鸟类之间,不仅适应着天地节气的变换,也创造着一种彼此可以沟通的氛围。这种情感交流,是人与自然的和谐。据说,只要黑颈鹤跳起一种奇特的舞蹈,第二天就会下雨。于是,当地人只要看到黑颈鹤有这样的动作,便不会

在第二天剪羊毛。这种融入生活的认知，如同一个童真又现实的寓言。

当雄草原，带着草色和清香，走进了四季，走进了一首欢快的歌。

● 纳木错：山水岁月长 ●

在藏语里，"错"就是"湖"的意思，在拉萨的山川之间，镶嵌着一个又一个的湖泊，如同冠冕上错落的宝石，熠熠生辉。

1. 寻觅"天湖"纳木错

4月，拉萨还有一些春寒料峭，迎着这样的凛冽春风，行上几小时的路程，我们就能看到一片落到大地之上的天空——纳木错。

纳木错，是西藏的三大圣湖之一，湖心有五个小岛，还有五个半的小岛隐入水中。纳木错也是西藏的第二大湖（曾是西藏第一大湖，后被色林错超越），以及中国的第三大咸水湖。

这个时候到纳木错，就能看到近处的湖水中还有随同涟漪起伏的冰，再往远处看去，就是带着几分银装素裹的念青唐古拉山，山上的雪在日头下泛着光，显得温柔又神圣。有风吹来，一阵清寒袭向鼻腔，人的精神头也好了一些。有藏族朋友在湖边放牧着牛羊，如果有人和他们打招呼，有些也会笑着招招手。

纳木错又被叫作"天湖"，站在湖边望去，平静的湖面如同一面镶嵌在地上的巨大镜子，照映着天空，收纳着念青唐古拉山的影子，天上的云，山上的雪，也曾从湖面走过。当天空失却白云的时候，湖面倒映着天空，天空拥抱着湖水，恍惚间，让人分不清自己到底是站在大地之上，还是站在苍穹之中。于是，有一种蓝，就可以被叫作"纳木错蓝"，那是天空和湖水的颜色，让人变得愈发沉静。

这样的美好，让人不禁想起了藏族歌手央金兰泽的《纳木错湖》：

"苍天流下一滴泪，落在高原。
化成了湖泊，用了多少年。
茫茫岁月，世事如烟，
只有你默默守望着雪山。
纳木错湖，我来到你身边。
放下红尘的行囊，水绿天蓝。
我愿开出一朵格桑花，
为你祝福为你祈祷为你灿烂。
菩萨洒下一片爱，慈祥无边。
参透那佛理，轮回多少年。
转湖信徒，脚印斑斑，
虔诚的叩拜一世的心愿。
纳木错湖，我来到你身边。
捧起洁白的哈达，泪流满面。
我愿长成一棵青草，
就是地老天荒也陪伴你永远。"

纳木错和念青唐古拉山，它们在高原上看尽了天地变幻，这份千万年彼此相守的温柔，以及千百年守护藏族人民的美好，让藏族的老百姓发自内心地将它们拟人化，为它们谱写了一个又一个民间传说。于是，山川和湖泊，就有了爱情，就有了悲欢离合，就有了人间喜乐。藏族人民将自己的情感都投射在了山川湖海之间，所以，高原的天地就有了生命，有了灵性，有了藏族老百姓的语言和情感。

2.世间有相遇，山水有相逢

在民间传说里，有很多关于纳木错和念青唐古拉山的故事。

相传，纳木错和念青唐古拉山本是一对相恋的爱人。有一天，念青唐古拉为了寻找丢失的羊羔，而遇到了美丽的羊卓雍错（被称为"羊湖"，也是西藏的三大圣湖之一），两人便陷入了热恋之中。念青唐古拉留恋羊卓雍措，而忘了还在等待自己的妻子。

纳木错一直在家中等待着丈夫，却久久不见他归来，每日只能以泪洗面，最终她自己化成了一汪湖水。等念青唐古拉记起家中的妻子时，便急忙忙赶回去，却发现妻子早已不在，只剩下她化成的湖水。念青唐古拉十分懊恼后悔，只能每天守在纳木错的身边，天长日久便化成了一座山，时间再也不能将他们分离。而孤独的羊卓雍措最终也化成了一汪湖水，不知是否仍旧等候着不再归来的不属于她的爱人。

唯美的故事，为山水点缀了人的灵性，当我们听闻故事后，再去看那山那水，它们似乎也活了起来。

纳木错是当雄大地上的一面镜子，照映着那里的天地，也照映着那里的生灵。在冈底斯山脉、念青唐古拉山脉、藏北高原丘陵的环绕下，良好的水质情况和地理位置，让那里形成了一个特殊的良性循环的生态系统。每一年，都会有成群结队的红嘴鸥翻山越岭地来到这里，在这儿繁衍族群、绵延生命。

纳木错的湖边还有很多林立的怪石。有两块相邻的巨石，被称为"夫妻石"，两块石头相隔没有几步，石块上缠绕着经幡。据说，曾经往来的商贩都要来祭拜这块石头，以求出行平安。还有一块巨石，被称为"合掌石"，顾名思义，它的形状如同几乎合拢的手掌，这只"手掌"，如同一个虔诚的拜佛人，据说是当年的莲花生大师的显像。"手掌"的"手腕"上也缠绕着经幡，迎接着过路来往的人们。

纳木错附近名气颇旺的，其实是我们在前面提到过的扎西岛。这里的洞穴，描摹着岩画，而岩画记录着历史。曾经或许有高僧大德在这里修行过，如今，我们也能在这里发现世间和文化的痕迹。

漫步纳木错的确是一件让人享受的事情，天生天养的美景，让人沉浸的山川，不过，偌大的纳木错，仅依靠徒步行走的话，也是难事一件。于是，纳木错景区国家公园直通车开通了。

2019年4月4日早上7时30分，第一辆纳木错景区国家公园直通车准时从布达拉宫西门白塔停车场发车，中午2时许，首批15名游客安全抵达纳木错景区扎西半岛。纳木错景区直通车每天早上7时30分从布达拉宫西门白塔停车场出发，下午7时40分就可以返回拉萨。

3.转湖：向湖水祈祷好运

行走纳木错，不仅是一趟旅程，特殊时候，它还是一场祈祷。

很多藏族人有转山、转湖的习惯。四五月份的季节，有些人开始徒步行走，围绕着湖水走上一圈，一走便将近半个月。甚至有些更加虔诚的信徒，磕长头转湖，将会耗时几个月。不过，他们仍旧坚持用自己虔诚的心灵和脚步丈量着纳木错的轮廓。他们相信，这里的山川湖水中有神灵，他们将自己最美好的心愿讲述给神灵，祈祷好运和幸福来到世间。

途中，转湖的人会遇见一些志同道合者，遇见了就聊上几句。他们身上带着转湖所需的补给品，沉重，却不能阻止他们前进。不仅如此，转湖的时候，还有一个不可抗的因素，就是气候。纳木错的昼夜温差之大，让人很容易感冒，甚至会引发更严重的疾病。如果遇上了雨雪天气，更是人车难行。所以，一个人转湖，如果准备不足，既孤独，又充满了风险隐患。而有些人或许既想感受一下转湖的乐趣，又不想过于操劳，于是就出现了自驾转湖，开着车欣赏沿途的景色，转湖所需的时间也少了许多。

在纳木错，平时也有很多人转湖，但是，根据"羊年转湖，马年转山"的说法，十二年一轮的羊年转湖则显得更加盛大。信徒们蜂拥而来，沿途许下心愿，祈祷着人间安稳。

纳木错的山川、湖水、石头、洞穴，仿佛都能讲述出一个又一个的故事。在漫长的岁月和历史中，纳木错仿佛一位安静的神女，等风，等雨，等你。

后记
HOU JI

我们拉萨，古老又年轻

2019年，是拉日线通车五周年，一段往来于拉萨和日喀则的火车，承载了很多人生命的部分旅程。

家住拉萨、工作在日喀则的斯郎卓嘎，来往于拉萨与日喀则之间，已经五年多了。对她来说，拉日线有重要的意义，她说："五年来，日喀则站已成为我的另外一个小家，每周都要回一次家，每次都感到很温馨，因为火车站的职工见到我都会热情地打招呼，他们早已成为我的'家人'。"

一名张姓游客听了这话，也说："今天是我第一次来日喀则，我是上午11点半到的，去了扎什伦布寺、桑珠孜宗堡，吃了'朋毕'、喝了酥油茶，现在准备坐下午6点40分的火车返回拉萨。没想到西藏的交通也这么方便，更没想到今天是这么特殊的日子，我代表所有来自祖国各地的游客说一声：谢谢，你们是最棒的。"

世上本没有路，走的人多了，便也成了路。如同拉日线一样的交通路线，可不是人走出来的，而是无数双勤劳的双手，在克服各种地理难题后，被创造出来的，如此，交通运输之花才能绽放在这片高原土地之上。

1954年，康藏、青藏公路全线通，西藏人背马驮的时代结束了。同年12月25日，首批西进的三辆油车顺利到达拉萨，并参加了当天在拉萨隆重举行的康藏、青藏公路通车典礼。现代化的交通运输逐渐替代了千百年来的栈道、溜索、人背畜驮运输方式。

有了路，便有了希望。

水、电、网络在拉萨的大地上辐射开来，招商引资、旅游、教育，便如深耕细种的土地一样，长苗开花结果。城市的生命，在现代化社会和科技化建设中，蜕变与新生。

很多人来到拉萨，路途但凡曲折，便说自己千辛万苦；来到拉萨后，也只到布达拉宫、八廓街草草而行。仓促返行后，便自觉洗礼灵魂。如果只是如此，就错过了太多拉萨的珍宝。错过了曲贡遗址、扎西岛岩画，就错过了藏族老百姓的久远历史；读懂了唐蕃会盟碑，就明白了汉藏人民在千年前就建立的情谊；大昭寺、小昭寺里，也有文成公主的故事；罗布林卡、宗角禄康，是一片高原之上的绿意天堂；拉萨的关帝庙和清真寺，也经受着拉萨人民的守护；墨竹工卡、堆龙德庆、尼木、曲水、林周、当雄，碧水青山，油菜花黄，有藏族人民的饭菜，也有藏族人民的歌舞……

当我们走遍这些地方后，会发现，拉萨并不是那个缥缈在天边的地方，它和中国的任何一座城市一样，拥有着自己的历史、文化，以及现代生活。拉萨是一个国旗和经幡共同飘扬在蓝天下的城市；拉萨的老百姓既穿藏族传统服饰，也穿T恤牛仔；拉萨的八廓街上有各种肤色、说各种语言的人；拉萨不只有寺庙佛香，更有各种满是人间烟火气息的民宅和村庄；拉萨的商店里有唐卡、雪堆白造像、藏戏面具、藏香、藏纸、雕版，也有刷过网页就能买下的小玩意儿；在拉萨可以吃藏面、糌粑、牦牛肉，喝酥油茶、甜茶，也可以在这里吃到正宗的北京菜、四川菜，还有意大利面，喝到美式咖啡……

拉萨最让人动容的，便是它美好得恰到好处。

拉萨，一个有风、有雨、有雪、有花、有阳光、有快乐的地方。

它从历史深处走来，岁月沉浮，磨洗着这座古城的光华，它既有民族传统的从容优雅和盎然生趣，又充满了在新时代中历久弥新的魅力。传统文化和现代生活，在这座城市里完美嫁接。这种吸引力不仅源于拉萨的多元、包容，更因为华夏民族的腾飞，赋予了这座古城新的活力和生命。

附录一
FU LU

拉萨历史文化概念简表